はじめに

　日本弁護士連合会は、司法問題への取り組み、司法改革の提唱などを続け、1999（平成11）年内閣の元におかれた司法制度改革審議会開始以来、わが国最大の司法改革の一翼を担い続けてきました。

　2001（平成13）年の同審議会意見書、同年の司法制度改革推進法をうけ、司法制度改革推進本部が立ち上げられ、日弁連の強力な主張を入れ、同本部に11の検討会が設置されました。そのなかの一つである行政訴訟検討会は、多くの成果を上げ、2004（平成16）年の行政事件訴訟法の改正に結実しました。日弁連および推薦委員も検討会内外で一定の役割を果たせたものと考えております。

　いま司法改革は実行の時期に入ってきておりますが、まだ手づかずに置かれている諸課題も多数存在します。

　行政法制の分野においてはその残された諸課題を「第2ステージの改革」、「第2次改革」と呼んで、粘り強い改革の模索がおこなわれております。

　本書は、昨年の秋、日弁連が「シンポジウム行政法制度改革」と銘打って開催した催しの記録であります。

　政治家、学者、マスコミの方々にお集まりいただき、日弁連側のコーディネートで、そのテーマで突っ込んだ議論がおこなわれております。今後の改革のために非常に有益な内容だと考え、ここに出版する運びとなりました。

　本書を広く国民の方々にお読みいただき、今後のわが国の国民と行政の有るべき姿を考える参考にしていただければ幸いかと存じます。また改革の衝にあたる方々に是非お読みいただきたいと存じます。

　日本弁護士連合会は、今後もあらゆる司法改革の分野で、国民の皆様方とともに最善を尽くす所存であります。

2006（平成18）年　夏

日本弁護士連合会
会長　平山正剛

目次

GENJINブックレット51

行政法制度改革で、わたしたちは何をなすべきか

日本弁護士連合会[編]

第2ステージの行政訴訟改革

- 1 はじめに　平山正剛（日本弁護士連合会会長）

基調講演
- 4 行政法制度改革の基本的な視点　小早川光郎（東京大学教授）

パネルディスカッション
- 18 行政法制度改革で積み残された課題

  パネリスト
  - 阿部泰隆　　中央大学総合政策学部教授、弁護士
  - 安念潤司　　成蹊大学法務研究科教授、弁護士
  - 塩崎恭久　　衆議院議員（自由民主党）
  - 江田五月　　参議院議員（民主党）
  - 山口那津男　参議院議員（公明党）
  - 若林誠一　　ＮＨＫ解説委員

  コーディネーター
  - 斎藤浩　　　日本弁護士連合会行政訴訟センター委員長

資料
- 56 資料1　司法制度改革審議会意見書（抜粋）「司法の行政に対するチェック機能の強化」（2001〔平成13〕年6月12日、司法制度改革審議会）
- 57 資料2　行政諸法制の抜本的再検討と継続的監視・改善のための恒常的改革機関の設置に関する提言（2004〔平成16〕年9月16日、日本弁護士連合会）
- 59 資料3　行政法改革提言（2004〔平成16〕年11月8日、公明党）
- 60 資料4　行政法制度改革における課題と検討組織について（2005〔平成17〕年1月28日、自由民主党行政改革推進本部幹事会・司法制度調査会基本法制小委員会）
- 62 資料5　公金検査請求訴訟制度の提言（2005〔平成17〕年6月16日、日本弁護士連合会）
- 63 資料6　行政法制度に関する第二次改革の要望書（2005〔平成17〕年10月18日、日本弁護士連合会）

行政法制度改革の基本的な視点

基調講演

小早川光郎 東京大学教授

小早川光郎（こばやかわ・みつお）
1946 年、京都府に生まれる。
1969 年、東京大学助手（法学部）。1972 年、同助教授。
1983 年、同教授、現在に至る（大学院法学政治学研究科・法学部）。
その他、地方分権推進委員会参与、内閣府情報公開審査会委員、
　　　　司法制度改革推進本部行政訴訟検討会委員等を歴任。
主著に、『行政法上』（弘文堂、1999 年）、
　　　　『行政法講義下Ⅰ、Ⅱ』（同、2002 年、2005 年）がある。

はじめに

　こういうそうそうたる実務家の皆様、大先輩の方もいらっしゃいます、そういう席に呼んでいただきまして、基調講演というと非常にものものしいんですが、お話をさせていただくことを大変光栄に存じております。
　今、お話がありましたけれども、この企画は、行政法制度改革という表現と、それから第 2 ステージの行政訴訟改革というのが、同じなのか、広がりが違うのか、そこはちょっとよくわかりませんが、いずれにしても、次の改革に向けてのはずみをつけるというご趣旨だそうでありまして、そういうことで最初にお話をいただいたときから、私は適任なんでしょうかということは申し上げていたのです。
　ご紹介がありましたように、行政訴訟検討会にも参加させていただきましたし、それから、日弁連の日ごろの、特に最近は行政訴訟センターをおつくりになったりして、行政関連の活動ぶりも拝見して非常に強い関心を持っております。ただ、私自身は、自分では書斎派だと思っておりまして、引きこもって勉強しているのが好きで、それで研究者にもなったわけであります。とはいえ、いろいろな関係で外の世界で働かせていただくこともありますけれども、基本的にはそういうことでして、現実を変える動きに弾みをつけるような、そういう話をしろということでありますと、やや私には荷が重いという感じもします。

そしてまた、中身的に、私は決して反動派だとは思っておりませんけれども、多分、後のパネルディスカッションに出てこられるそうそうたる顔ぶれと比べますと、私は穏健派でありまして、そういう意味でも調和するのかなと。強いて言えば、後に出てくる非常に油っこいメインディッシュの味を引き立てるために、ちょっと味付けの変わったオードブルが最初に出てくる、それくらいのお話をさせていただきたいと思います。

大きく分けて、最初に、今までの日本の行政法学が、その対象である行政というものをどういうふうに考えてきたのか、そのイメージがどう変わってきたのかということを簡単にお話しし、きょうのテーマである行政法制度改革を展望する際に、私としてはどういう基本的な考え方が適当であると思うかということをお話しし、3番目に、具体的な突っ込んだお話は後ほど本番で出てくると思いますので、私としましては、大まかな概観ではありますけれども、検討すべき主要な項目は何だろうかということに若干触れたいと思います。

行政法における行政イメージの変容

● 従来の行政イメージ ●

さて、私が大学で行政法というものを初めて学んだころの、それまでの行政法における行政というもののイメージは何かということですが、昔から行政法学の父はドイツのオットー・マイヤーだということになっています。大体19世紀末から20世紀初めに、いろいろなものを書いた人です。その教科書の序説、第1頁は、「行政法学は自らの対象を国家において見出す」ということから始まります。行政法学の対象であるというのは、結局、行政なんですが、行政というのは国家のうちに存するのだというわけですね。これは教科書の一番最初の言葉です。

ですから、行政なるものと国家なるものが不可分である。これが1つですね。レジュメに書きましたが、国家の組織、その一部分が行政である。これは、社会とはかけ離れている。組織としては、厚い壁といいますか、厚い殻をかぶっている。しかも、その行政という組織が、一般社会には見られないような権力の主体であるというわけで、社会に対して閉ざされた超越的な権力主体としての行政というイメージができ上がるわけであります。

ただ、オットー・マイヤーが行政法学の体系を確立したというのは、そういうおどろおどろしい行政というものを描いてみせたということではなくて、そういう行政であることを前提にした上で、しかし、それを何とか法の支配のもとに置くということで、行政とい

うのはそういう権力的な存在だけれども、しかし、何をやってもいいというわけではなくて、ドイツ流の標語で言えば、人の自由と財産は行政に対しても保護されなければいけない、そのためのさまざまな法のルールというものが行政法なんだと、そういうことですね。ですから、行政の作用のうち、人の自由と財産への侵害に当たるようなものは、これは勝手にやってはいけない。国会の定めた法律によらなければならない。ですから、どういう侵害的な作用が許されるかというのは、これは行政作用法で決められるというわけですね。その行政作用法の体系というものが重要になってくる。

そういう行政作用法に従って、行政の人々に対する作用が行われる。それに対して、そこに何か間違いがあるというようなことで不服のある人はどうするかというと、主としては事後的にそれに対して争うという道を何とかつくり上げようというわけですね。これが、ドイツで言えば行政裁判制度であります。ですから、行政のやり方を規律する行政作用法と、行政に関して不服が生じたときの争いを処理する行政争訟法、この２つが、もともとの行政法学が大事だと思った法の体系であったわけであります。そういう法的な手だてを備えた、しかし、行政そのものは組織として閉ざされた組織であり、また隔絶した権力の主体である、そういうイメージですね。

もちろん、それは古い行政イメージであります。しかしながら、オットー・マイヤーの名前で代表されるようなドイツの行政法理論を日本の法律学でも受け入れたわけです。こうして、ドイツなり日本なりの伝統的な行政法の理論が形づくられることになります。

日本で行政法が大学で教えられるようになったのは大分前ですし、そして行政裁判所がつくられ、主としてはドイツにならった行政争訟の体系、制度ができるのは、これは明治憲法に伴ってということですから、それから随分時は経った。その中で戦争と新憲法の制定という節目もあったのですが、ただ、行政のイメージそのものは、戦後になって新憲法のもとでも、やはり従来の、今まで申しましたようなイメージがやっぱり残っているというところがあったわけであります。

● 閉ざされた組織から開かれた過程へ ●

これがどう変わっていくか。２つのとらえ方、２つの観点があろうかと思います。１つは、従来ですと、行政というのは閉ざされた組織である、固い殻をかぶっている、それが、一定の法のルールに従ってではあるけれども自分の意思に従って動いていくというわけですが、いや、そうではないんだと。そんな固い殻などはもっと薄くして、外との情報のやりとりでもって行政の作用を進めていくべきではないかということになる。それが１つの方向であります。「閉ざされた組織から開かれた過程へ」と書きました。もち

ろん行政の組織というのはあるけれども、組織だけではなくて、その組織の中と外との間のいろいろなプロセスが大事である、それ全体、そういうデータや意見のやりとりのコミュニケーションの過程、これが行政だという、そういうとらえ方ですね。これは確かに従来のイメージとは違ってくるわけであります。

しかし、行政運用上、そういうふうにやってくれと言っても、なかなか行政は変わりませんから、そこはきちんとした制度改革が必要になるということで、それはなかなか大変なことでありました。画期的なのが、1990年代の行政手続法の制定ということでしょう。もちろんその前から、行政手続に関する個別の法規定の整備なり、あるいは若干の判例の展開というのはありましたけれども、一般法としての行政手続法がここでやっと登場する。これによって、行政というのが、閉ざされた組織ではなくて、行政手続法の場合で言えば特定の利害関係人との間での必要なコミュニケーションの過程なのだということが制度的にも担保されるようになってくるわけですね。それが、申請についての審査基準をあらかじめ設定して公にすべきであるとか、不利益処分については事前の聴聞または弁明の手続を踏むべきであるとか、処分をした場合には処分理由を相手方に対して提示すべきであるとか、そういう行政手続法の重要な一般ルールということになるわけであります。

それから、それに続けて、90年代の終わりには行政情報公開法が制定されます。これは、特定の行政作用の相手方ということではなくて、それとは別の意味ではありますけれども、やはり行政という閉ざされた組織の固い殻を、ある意味ではこちらのほうが徹底的に打ち砕こうとしているということが言えるかもしれません。今までですと、行政の殻の中で一体何が行われたのか、これから何が行われようとしているのかということが外からはわからない。それを、外からわかる、そして外から適切な情報のインプットができるようにしようというのが、これが情報公開制度であります。

これももちろん、形ばかりのものでなくて本格的にやろうと思えば、行政自身の自主性に待っているわけにはいかないわけで、立法によってそれを強制するということが必要であり、それが一定の政治状況のもとで可能になった、そういうことだと思います。

● 社会超越的な権力から社会内在的な事業へ ●

これが、閉ざされた組織が開かれた過程へと進化していくということですが、もう1つは、「社会超越的な権力から社会内在的な事業へ」と書きました。これは、行政というのはおよそほかの社会事象とは違う、国家というのはいろいろな社会組織とはおよそ性質の異なる権力主体である、行政もその権力主体の一部である、だから、一般の

社会的諸活動の常識は当てはまらない、適用されるルールも全然違うんだと、そういうふうになりがちなわけです。それが従来の公法と私法の二元論、行政は基本的に民間組織とは別のルールに従うんだという、そういう話になるわけですが、いや、それは違うんじゃないかというのが、ここでのもう1つの考え方であります。

　ドイツとフランスと対比してどっちがどうというふうに決めつけるのはやや乱暴ですが、そこには、service public というフランスの言葉を挙げてあります。これは、行政の行政らしさを権力性に求めるのではなくて、公共のためのサービスといいますか、最近の中国語でいうと「服務」、公共のために服務するということになるでしょうか、日本の行政法学では、これは「公役務」と訳していますが、とにかく service public です。英語でパブリック・サービスというと、これは公務員制度、公務員組織のことをいうと思いますが、それとはちょっと違うわけですね。こちらは、行政そのものが公共のためのサービスである、公共に仕える業務であるということであります。公共のために仕えるということは、公共が何を求めているか、そのニーズにこたえる、ニーズに対応して必要なサービスを供給する、これが行政であるというわけであります。

　そうであれば、これは、両当事者の自由な選択によって財のやりとりが行われるという意味での民間市場経済とは同じではないかもしれませんが、しかし、必要とされるものをいかに適切に供給するかという意味では、両者は共通する。そういう点で、私もこの「事業」という言葉を使うわけであります。

　これは、例えば公営交通事業は確かに1つの事業ですね、そういう個々の行政分野での課題追求の業務、これを service public ととらえることもできますが、フランスでは、行政全体が service public であるというわけであります。警察規制ですとか、刑罰の執行のための刑務所の組織とか、これは非常に権力的、一方的なものであって、ニーズに対してどうこうというのとはちょっと違うようにも見えますが、やっぱりそれもそうである。要するに社会が何を求めているか、市場によって適切に供給されないサービスを行政という形で供給するのだと、そういう見方がここには出ているわけであります。それは別に新しい話ではないですが、日本の行政法学に根強くしみついている、最初に申しましたような行政のイメージに、大きな修正を施す可能性があると思います。

　必要なサービスを供給する事業というような言葉遣いと、行政という言葉遣いは大分違うんですが、日本語の「行政」というのはどうやってできた言葉なんだろうかというのは、私はあまりよく調べていませんが、ご承知のとおり、近代日本の最初の憲法は、明治元年の政体書です。政体書では、天下の権力は太政官に帰する、太政官の権力をわかって立法・行法・司法とするということですね。ですから、そこではなぜか

法というのが非常に軸をなしていまして、3つの権力というのは、法を立てる、法を行う、法を司る。「行政」と言わずに「行法」と言っているんですね。これはどこから来たのかなと思っているんですが、間もなくその言葉は消えてしまいます。

フランス語、英語で、アドミニストレーション、あるいはドイツ語でフェアヴァルトゥング、これが日本では「行政」と訳されるようになったんですね。もとの言葉を、全く法律学的な偏見を持たない人が見れば、これは、普通は「管理」と訳すべき言葉ですね。ほんとうはそう訳してもよかったんではないかと思います。そうすれば、今言っている行政というのは、要するにマンションの管理人みたいなものである、住民一人一人ではなかなか大変だけれども、だれかがみんなの世話をする、それが管理である、ということで話はつくわけであります。行政法学界でも、古くは、と言っても約30年前ですが、北海道大学におられた遠藤博也教授が、「行政とは社会管理の作用である」という言い方をされたのは、そういう筋道に戻ろうということですね。それから、九州大学におられた手島孝教授が、こちらは公共管理論ですね、公法学をそういうものに書き直そうということをやっておられます。そういう言葉遣いに、私もそれなりに共感を持つところがあります。

ですから、そうなりますと、これは民間の活動と同じではないけれども、しかし、同質性は非常にある、だから、同じような観点から、行政の評価、改善の必要性の主張もできるということになってくるわけであります。

さて、そういうことで、これが第1の、行政イメージがどういうふうに変わってきたか、また変わるべきであるかという点であります。

行政法制度改革の基本的考え方

● 事業としての行政の適切な運営の確保 ●

第2点は、そういうふうに行政というのは1つの事業だと考えた場合に、行政法制度ときょう言われているこの言い方を使いますと、行政法制度は何を担保すればいいのか。それは、事業としての行政が適切に運営されることを確保するということなんだろうということですね。

最初のところに戻りますと、もともとの出発点のイメージでは、行政なるものは、基本的には手のつけられないもので、ただ、少なくとも自由と財産に対する侵害があった場合には、これはほうっておけないから、そこは法的にコントロールするということで、極端に言えば、その部分だけがおよそ法律学、法の立ち入れる部分であるということだっ

9

たんですが、そうではなくて、事業としての行政それ自体が、適切に行われる、だれかのためにサービスを供給しているわけですからみんなの利益がきちんと実現される必要がある、ということになるだろうと思います。したがって、侵害作用の相手方だけではなくて、例えば、あいつがけしからんことをやっているので困るから取り締まってほしいという第三者の利益、行政サービスというのはそういう第三者のためにもあるわけですから、その第三者の利益を考えるべきだ。さらには、環境問題とか、都市、まちづくりの問題とかですと、第三者と言っても特定ではないですが、多数人の共同利益があって、それを推進するために行政サービスが行われるんだ、建築規制も土地利用規制もそうなんだというふうに考えれば、その観点からの適切な事業の運営がいかに確保されるかということが問題になるわけであります。ですから、それが現在の行政法制度改革の目標であるべきではなかろうか。

　基本的にはそうなんですが、もうちょっと具体的に考えますと、では、だれがサービス供給を決めるのかということになりますと、それは、民主的な決定の手続が必要なわけです。それは、今の体制で言えば、国会なり地方議会なりが関与する法律とか、条例とか、そういう形式で決定がされるべきだということです。ですから、現実の行政は、そういう供給されるべきサービスの目的及び方法についての立法の定めを忠実に実現するような、そういうやり方で行われるべきだということになるでしょう。

　他方で、個々具体の状況に照らして、具体的にどんなサービスが求められているのかということは、これは現場でなければわからないわけなので、それをきちんと把握して、ニーズにこたえるサービスの供給をする、これは、まさに現場の行政機関でなければできないことだということにもなります。ただ、そういう行政について、その殻を薄くするとか、権力性ではなくてサービス供給という面を重視するとかということになりますと、行政と受益者との関係が非常に密接になってくる。それは、下手をすると、そこに癒着が生ずるということにもなり、偏ったサービス供給が行われるということにもなりますから、そこは、最近よく言われる言葉ですが、適切な距離を保つことが必要であるということ、これも重要ですね。

● **行政法制度のあり方、基本的思考軸** ●

　そういった角度から、行政の事業がどういう体制で行われるかということについて考えていくのが、今日の課題かというふうに理解しているわけであります。具体的に言えば、まずは、とにかくサービスの質、よいサービスを提供しなければならない。しかし、質を高くするためにはコストがかかりますから、質とコストの適切な兼ね合いを考えると

いうことになるでしょう。では、提供すべきサービスをどういう組織、どういう基準によって提供するか、その辺は適切に考えなければいけません。それから、その基準を具体的なケースに適切に当てはめて実際の行政を行っていく、この適用段階での適切さが大事です。

　それからそういう全体を、行政の側が、ひとりよがりでやっているのではだめで、受益者が満足するようにすることが必要ですね。そのためには、質がいいだけではなくて、受益者の意見がきちんと取り入れられるということが大事であります。それから、逆に利用者、ユーザーを満足させられないというときには、その責任はだれがとるのか、それをはっきりさせる必要もあります。

　ですからこの辺は、こういうふうに言えばわかっていただけると思いますが、民間企業の事業経営のあり方を考える場合と基本的には同じ話が、行政にも当てはまるであろうということであります。それを具体的に考えていくときには、まずは基本的な部分を決める必要があります。行政と民間との間での役割分担をどうすればいいのか。それから、国の行政と自治体の行政との間の役割分担をどうすればいいのか。それから、いずれにせよ行政がやる場合には、日弁連では、行政裁量というものを何とかなくそうということをいろいろな形で言っておられると思います。確かに多過ぎるとは思いますが、さっき言いましたように、基準を立てても、現場でそれをどうするかという行政裁量の問題はやはり残ります。しかし、行政の裁量に任せる部分と、立法で目的なり方法なりをきちんと決めておくべき部分と、それをどう仕切るかということですね。これも基本的な視点、あるいは「思考軸」と書きましたが、そういうことであります。

　あまり訴訟と関係のない話をずっとしておりましたが、訴訟に直にかかわる話で、行政の役割と司法の役割をどのように仕分けするかという問題があります。この点だけ、ちょっと具体的にさらにつけ加えますが、今般の行訴法改正で義務付け訴訟が法定されました。それの評価として、1号義務付けと2号義務付け、いろいろな言い方がありますが、非申請型義務付け訴訟と申請型義務付け訴訟、これを分けて、非申請型のほうのハードルを高くしている、これをどう見るか、という問題があるのはご承知のとおりであります。

　私は、基本的にはそれはそれでいいのだという立場です。その際の考え方は、例えば先ほどの3面関係の問題を考えた場合に、立法者が、一定の事業者の行動についての規制の権限を行政に与えるとともに、その規制権限の発動を求める申立権を一定範囲の関係者に与えているとすれば、それは立法者の判断がそこにあるわけですから、第三者は申請権に基づいて規制権限の発動をきちんとやってくれということを当然言え

るはずだ、これは2号義務付けですね。それに対して、立法が第三者に規制申立権を与えていないという場合には、そうではない。しかしそれでも、この状況で行政が規制をしないのは周りにとってはあまりにもおかしいねということはあり得るわけで、そういう、事実関係からしても放っておけない話だという判断ができる場合は、これは1号義務付けで、申請権がなくてもできるということなのではないかと。そして、それは行政を規律する立法のあり方と、それから、行政のやり方をコントロールする司法の役割、この立法と司法との間の1つの役割分担の問題で、乱暴に言えば、世の中、何かおかしいと思ったら、立法権を動かすのがほんとうの話ではないか、しかしそれだけではだめだから、必要な場合の司法の直接発動の余地は残しておくということでいいのではないか、というのが私の感じです。その辺が、行政に関する立法と司法のそれぞれの役割をどう見るかという話の一例であります。

検討すべき主要な項目

● 個別行政法令のあり方 ●

　あとは、後のパネルディスカッションで具体的なお話はいろいろ出ると思いますが、ざっと私なりに考えている項目を申し上げますと、まず1つは、行政訴訟の改革を考えるにしても、そこでの実体法となるべき法令のあり方が基本的に重要です。法令という場合にも、最初に言いましたように、行政作用法の系列に属する個別の、それぞれの行政に関する個別行政法令、これのあり方がまず問題であります。

　行政庁に不必要に広い裁量の余地を残しているといいますか、必要な基準をみずから書き込んでいない法令のあり方については、これは1つ1つ精査していって、基準を書けるものはきちんと書いていくというふうにすべきであろう。これは大変な作業ですけれども、担当のお役所にだけ任せておくわけにはいきませんので、何らかの適切なやり方でそれをチェックしていく必要があります。要件Aがあったら行政庁はBという措置をとらなければならないというふうな形になっているのを、「要件効果規定」というふうに学生には教えていますが、できるだけそういう形にしていくべきである。これが1つですね。

　もう1つ、地方分権の進展があります。これは住民が行政を身近なところで監視、コントロールできるようになるということですから、これを進めるべきだと思います。その際に、地方分権改革は、第1次改革が終わって、第2次はどうだという話なんですが、第2次改革で問題になっているのは、三位一体の財政システム改革はそれなりに進む

として、さて、どうなるのだろうというのは、国の法令による縛りの問題ですね。各省ごとに細かな法令の定めを持って、事務そのものは自治体に移ったとしても、その実施は非常に窮屈で、地方自治の観点が入れられないということになるわけであります。

　私が考えていますのは、細かな技術基準みたいなものが実際は大事なわけですね。建築規制についても、それぞれの地域の風土、文化に応じた規制のあり方があっていいわけですが、その辺の具体的な基準というのは、しばしば国の何々省の省令で定められるということになっているわけです。そこをもう、地方分権の時代なら、基本は法律または政令で定めるとしても、その先の細かな話というのは、執行を担当する自治体に任せるべきではないかと、基本的にはそう思うわけです。法技術的にどうするか、省令に対する関係では書きかえ条例を広く認めるとか、そういうやり方もあると思っています。

　条例でいろいろな基準の置きかえがもしできるとなりますと、またさらにその先も考えられます。条例と言っても、市町村も合併で大きくなっていますから、住民から遠い。地方自治法で言いますと地域自治区みたいな制度ができていますから、基準の細かなところについては、さらにそういう狭い地域の判断に任せるというようなことが、条例レベルでもできるようになるだろうと思うわけであります。

● **恒常的改善システム** ●

　もう1つそこに書きましたのは「恒常的改善システム」、これは、日弁連も言っておられますが、サービスを供給する事業として考えた場合に、実際に供給される側から見ていろいろ文句が出てくる。権利侵害というわけではないにしても、事業のやり方がおかしいよというところはあるわけで、そういうユーザーの声をちゃんと経営改善に結びつける、そういう仕組みが必要だということですね。これはそのとおりであります。今でも行政苦情処理とか、あると言えばあるんですが、いかにも不十分といいますか、まだ迫力に欠けるところがある。その辺の、何かドカンとした仕組みができないものかということは感じます。日本でも、自治体によっては多少ありますが、オンブズマンのような仕組みも参考になるかと思います。以上は個別行政法令のあり方です。

● **行政法通則と行政裁量ルール** ●

　次に、「行政法通則」の問題です。この辺になりますと、行政事件訴訟法のあり方とも絡みますが、私は、昔から行政法学で言われている行政法の法典化の思想を引きずっているわけであります。そういうものが何かあったほうが、これからの時代、行政と

市民との間の対立を法的に考えていく際にも、やはりないよりはあったほうがいいのではないか。行政の法的ルールというものが、完全には難しいですが、目に見える形で提示される、六法全書を見ればそれらのことが載っているということですね。「六法に入れてもらえぬ行政法」というのは有名な言葉ですが、別にルサンチマンではなくて、そのほうが役に立つのではないかという、そういう気持ちです。

その際に重要なのは、個々の場合にどういう裁量がいいのか悪いのかは個別の問題ですけれども、行政裁量に関する一般ルールのようなものを何か目に見える形ではっきり示す、行政裁量というのは一体何なのか、行政庁はどういう姿勢で裁量権を行使しなければいけないのかということも大事です。

そこで「裁量基準と個別事情考慮義務」です。ただ野放図な裁量ではなくて、目安になる基準を定めて、それに基づいて裁量を行使するのがいいだろう、これは1つの考え方であります。それとあわせて、そういう裁量基準をつくってしまった以上は機械的にそれだけでやってしまう、というのでは、裁量の意味がなくなる。個別案件ごとにどんな特殊事情があるかということもきちんと考慮しなければいけないだろう。その2つを組み合わせれば、かなりの裁量コントロールはできるはずであります。現に最近の裁判例を見ても、大体そういう図式で裁量のチェックができそうだなというのは結構あるわけですね。ちなみにこういう図式は、日本では阿部泰隆先生が早い時期に言われて、その後、いろいろな人がさらに議論を深めているわけです。以上が「行政法通則」の問題であります。

● 連続・協働型の行政庁と裁判所へ ●

やっときょうの本題である、訴訟実務とのかかわりでの行政法制度の改革ということになります、もう時間はほとんどありませんが。私は、かつて行政訴訟検討会でプレゼンテーションをやりました。行政庁と裁判所との関係について幾つかの選択肢があるだろう。まず、両方を分離してしかもお互いに立ち入らないという分離・分立型のパターン、これは日本の学説にもかなり根強い。それからもう1つは、分離するけれども司法権のほうが基本的に優位に立つ、行政を一当事者として司法権が法的な判断を加えるという、分離・司法優位型が1つあるだろう。戦後の日本の行政法理論というのは、この1と2がないまぜになった形で、何か未整理な形で展開してきているのではないか。

それに対して、第3に、行政も司法も基本的に――きょうの話のサービス供給事業という言葉はそのときは使いませんでしたが――、立法によって定められた目的をいかに的確に実現していくかである、それを第一次的には行政機関の任務とし、行政機関

がそれを十分達成しているかどうかは裁判所がチェックをするという、そういう二段構えのシステムとしてとらえることもできるのではないか。言葉がいいかどうかわかりませんが、連続・協働型と言ってみたわけであります。どれでなければいかんということはなくて、多分に個々のケース、事件の形にもよると思います。連続・協働なんて言えるような、そういう行政のやり方ではないよ、こんなものはたたきのめすしかないよというケースももちろんあります。しかし、基本的には行政には行政の役割をきちんと果たさせるように裁判所が持っていくというのが1つの望ましい型ではないかということでございます。

その次に、「団体訴訟等の立法問題」と書きましたが、これは、具体的にいろいろな方が提案されている幾つかの主要な論点がありまして、その代表として団体訴訟ということを掲げたまでであります。これは、後のパネルディスカッションにすべて譲りたいと存じます。

● 行政手続・行政不服審査手続の改革を ●

最後に、「行政手続・行政不服審査手続」です。これは、機能的に言えば、司法による行政のコントロールの役割・機能を、部分的にでも行政段階のほうで満たさせることは可能であろうということですね。

それにあまり多くを期待するわけには、さしあたりはいきません。ただ、今後の問題として言いますと、行政不服審査なるものが、今あまりにも役に立っていないというところがあります。これを何とか模様替えしたらと思っています。

異議申立てや審査請求の処理は、各省のそれぞれの法律を担当している各課ぐらいの範囲内でやっているのが多いように思われる。そうすると、処分をやったときの目と違う目がそこにあるわけではない。それを、大きく言えば、政府全体を通じた統一的な行政不服審判機関をつくる。これは、韓国とかオーストラリアとかでも現にやっているところであります。そういうところで、裁判所ではないけれども、ある程度の独立性を持ち、かつ法的な修養も積んだ人たち——行政審判官のような人たち——が、各行政庁の原課の判断をもう一度レビューするということになれば、それはそれで役に立つはずであります。

そこまで行くのは難しいにしても、各課ごとに勝手にやっているというのではなくて、もうちょっと大きな単位で、各省なら省で、それなりの人をそこに当てて法的な判断をもう一度加えるという体制は、つくろうと思えばできるはずで、その辺が何とかならないかなという気はしているわけであります。自治体なんかですと、東京都あたりですと法

務部の組織がかなりしっかりしている。1つ1つのケースの処理がどうかという話はまた別ですけど、それなりに存在意義はあるわけですね。そういう組織をつくるのは、これは行政改革の観点からするとなかなか大変なんでしょうが。また、できたとして、そこにどういう人を送り込むかという、そういう人材のリクルートと配置も問題になります。法科大学院みたいなものが、そこでどういう役に立つのかということも、大学人の立場からすると関心はあるところです。

　その程度で、きょうの私のお話の中身は終わりにさせていただきたいと思います。

法的思考を行政に内在化させる

　最後に、「法的思考を行政に内在化させる」、これは思いつきです。環境アセスメント法の立案の過程で、ご承知のとおり、アセスメントの主体を行政にするのか、事業者にするのかということがあった。正直なところ、産業界の声もあって事業者がやるということになったんだと思います。もちろん、費用負担の問題等もまたありますけれども。ただ、そのときに、事業者が自分でやるんだということを合理化する言い方として、環境配慮の事業者における内部化、これは環境コストの外部費用の内部化とひっかけた言い方ですが、自分でやってもらうことによって環境配慮をしみ込ませていくんだという言い方がされた。多分に言葉の上での苦しまぎれの説明に見えなくもないですが。ここで言うのもそれと同じではないかと言われるかもしれませんけれども、やはり、行政がほんとうに国民の役に立つサービスを供給してくれる、しかも適切に供給してくれるためには、行政の質を高めなければいけない。そのためには、後で訴訟になったらどうなるかわからないということではなくて、きちんとした法的な判断を経て行政の決定をしてもらう必要がある。そういう方向をサポートするというか、尻をたたくというか、変な方向へ行こうとしたらそれを是正するというような、そういう方向で行政訴訟制度のさらなる改革を考えてはどうかというのが私の大まかな感じであります。

パネルディスカッション 行政法制度改革で積み残された課題

○パネリスト

阿部泰隆 中央大学総合政策学部教授、弁護士
安念潤司 成蹊大学法務研究科教授、弁護士
塩崎恭久 衆議院議員（自由民主党）
江田五月 参議院議員（民主党）
山口那津男 参議院議員（公明党）
若林誠一 ＮＨＫ解説委員

○コーディネーター

斎藤浩 日弁連行政訴訟センター委員長

プロフィール

阿部泰隆（あべ・やすたか）
1942年3月、福島市生まれ。1964年、東京大学法学部卒業。
1977年4月、神戸大学法学部教授。2005年4月、中央大学総合政策学部教授。
東京弁護士会。東京大学法学博士。
主著に、『行政の法システム上・下［新版］』（有斐閣、1997年）、
『政策法学講座』（第一法規、2003年）などがある。
HP http://www.ne.jp/asahi/aduma/bigdragon/

安念潤司（あんねん・じゅんじ）
1979年、東京大学卒業。東京大学助手、北海道大学法学部助教授を経て、
1985年より成蹊大学法学部助教授、1993年より成蹊大学法学部教授。第一東京弁護士会。
現在、成蹊大学法務研究科（ロースクール）教授、東京大学国際・産学共同研究センター客員教授。
主著に、『法学ナビゲーション』（共著、有斐閣、2001年）、
『憲法(1)、(2)』（共著、有斐閣、1992年）などがある。

塩崎恭久（しおざき・やすひさ）
1950年生まれ。1975年、東京大学卒業。1982年、ハーバード大学行政学大学院修了。
1993年、衆議院議員に初当選。2005年、外務副大臣。現在、衆議院議員（自由民主党）。
主著に、『日本経済起死回生トータルプラン』（共著、光文社、2001年）、
『アメリカの挑戦』（訳、東洋経済新報社、1984年）などがある。

江田五月（えだ・さつき）
1941年、岡山県生まれ。1966年、東京大学卒業。
1968年、東京地方裁判所判事補任官後、1977年まで、千葉、横浜地裁判事補を歴任。
1977年、参議院議員に初当選。
2004年から、参議院「民主党・新緑風会」議員会長。現在、参議院議員（民主党）。

山口那津男（やまぐち・なつお）
1952年、茨城県生まれ。1978年、東京大学卒業。1982年、弁護士登録。
1990年、衆議院議員初当選。2001年から参議院議員。現在、公明党政調会長代理。

若林誠一（わかばやし・せいいち）
1948年、広島県生まれ。1972年、東京大学卒業。同年、取材記者としてNHK入局。
報道局社会部勤務（警視庁、労働省など担当）、成田報道室、金沢放送局ニュースデスク、
報道局社会部司法クラブキャップを経て、1992年、NHK解説委員。

斎藤浩（さいとう・ひろし）
1945年生まれ。1969年、京都大学卒業。大阪市役所勤務ののち1975年、大阪弁護士会。
日弁連行政訴訟センター委員長、龍谷大学法学部客員教授（行政争訟実務担当）。
主著に、『改正行訴法を使いこなす』（共著、青林書院2005年）、
　　　『司法改革の最前線』（編著、日本評論社、2002年）、
　　　『身近な地方自治——改訂版』（岩崎書店、2001年）、
　　　『自治体行政って何だ！』（労働旬報社、1991年）などがある。

● パネルディスカッションの趣旨 ●

▶斎藤　このパネルディスカッションは、大変な論客ぞろいのパネリストでございまして、しかも、非常に論ずる対象が広いものですから、どれほどのことができるか、私自身は心配しておりますが、パネリストのご協力を得て、成果が上げられるものと期待をしております。

今、パネリストの皆さんは、弁護士の資格を持っておられる方が多いですし、元裁判官もおられますし、ハーバード大学で行政学大学院の行政学修士を取っておられる方もおられますし、マスコミの方もおられますので、今のお立場だけではない幅広さも備えられたパネリストであると私は考えております。

先ほど小早川教授のご講演で、お話のあった前半の2つの項目もきょうの本題でございまして、非常に適切なご講演をいただいたものだと感謝しております。

最初に、小早川さんの話を聞いての阿部さんの問題意識をお話しいただきまして、それを安念さんに補足していただく。その上で、議員の方々に、みずからの所属しておられる政党のお立場で、行政と国民との立場という観点から大きなお話を少しお伺いしたいと思っております。

その後で、若林さんに評論をしていただきまして、そこぐらいまでが1クールの終了にさせていただきます。そこから後は、論点ごとに、順不同で、随時お手を挙げていただくなり、私がご指名申し上げるなりして、論点を深める方向で努力をしてみたいと思います。それでは、阿部さんからひとつ、少し総論的なご発言をお願いしたいと思います。

積み残した改革課題とは　　　　　　　　阿部泰隆教授

● 行政訴訟の基本的な視点 ●

まず、行政訴訟の基本的な視点についてからはじめます。今までは、行政行為という権力が役所にあって、それは被処分者に対して優越していると思いこんできた。そうした優越性を取り消せとする必要があるとの前提で、制度をつくってきた。しかし、その発想は基本的に間違っている。優越性があるというなら、逆に優越性がないように、対等性を確保する制度をつくらなければいけなかった。そうすることによって、権利救済の実効性を確保するべきである。そういうことを、行訴法の最初に書いて、それを前提に制度を仕組んでいくと、すっかり変わるはずである。ここで基本的に一番大事なのは法治国家の原則で、法律に基づいて行政を行う。裁判所はそれをきちんと審査するという解釈学と、政策的に合理的な法律をつくるという、私のいう政策法学の2本立

てが行政法の仕事です。今回の改正もその基本の基本がわかっていないから、やり直しが必要だというのが私の意見です。

　法治国家のもとでは、行政が法律に基づいて職務を適切に行うということを確保することが大事です。司法改革で一番大事なのは最高裁の改革なのに、最高裁に改革をやらせているのが今回の改革ですから限度があり、困ったものです。お上の立場で一生過ごした人が大部分ですから、民の立場がわかりません。その上で、積み残しといわれている課題について申し上げます。

● 団体訴訟について ●

　最初に、団体訴訟について、原告適格との関係が問題になる。原告一人一人については非常に薄い利益であるが、大勢の人が訴えるときは、それを合算すると、その利益は非常に大きくなる。みんなを集めれば原告適格があるんだと考えればいい。そうすると、団体訴訟は、こうした多数の者の利益を代表するとすれば、主観訴訟としても位置づけられる。被告は応訴するときは、原告一人の関係ではなく、広く公益を代表するつもりでいるから、原告側も団結して初めて対等になるのであり、そのためには、このような、ちりも積もれば山となるという原告利益合算論が必要なのです。

　これまで主観訴訟、客観訴訟と分けてきたため、客観訴訟は司法権の範囲にはいるかという疑問が出され、主観訴訟を狭めています。むしろ、客観訴訟という制度は基本的には置かないことにしておいて、これまでの客観訴訟も主観訴訟と考えた方がいい。団体訴訟でも、団体の構成員の利益を全部集めたもので、主観訴訟としても正当化できると考えると、司法権の範囲にも入って議論もしやすくなります。

　今ある住民訴訟のほか、国民訴訟をつくるべきです。官庁の公金腐敗は続出しています。自治体なら住民訴訟があるので、国も同じ制度をおいて、違法行為を防止したほうがいい。一体そんなのは司法権の範囲内かという問題があるとされていますが、一人一人ではなくて、千人が署名して、千人が原告になるんだったら認めてやろうというような制度も考えられるのではないか。計画ではマスタープランは訴訟には適さない。権利義務を制限する計画、例えば都市計画とか、土地区画整理事業計画とかというようなものは、法的判断も可能だし、訴訟も可能だと考えるべきです。むしろ違法な権利制限を争わせない、後の段階でも実際上は争えないという現行判例は憲法違反だと私は思います。

　ただ、これは、個別の処分と同じようにやると、大分混乱するので、一遍に、かつ画一的に片づける。そして、出訴期間も置いて、負けたらもう再訴はできないという制

度を置けばいいと思います。

　それから、弁護士費用の片面的敗訴者負担ということで、国民のほうが勝ったときだけ役所に負担させる。負けたときは、役所から弁護士費用を請求されないという制度を提案しています。なぜかと反論されるでしょうが、今でも不法行為ではそうなっているんですね。違法な行政処分は、不法行為と同じだと考えてください。契約関係も何もないのに、役所は、突然、税金を払えとか、土地を収用するとか、一方的なことを言うんですから、殴られたと変わりありません。だから、役所相手に勝ったら弁護士費用は取れるという制度をつくるのはとても合理的です。

　行政訴訟は何だというと、僕は、「ライオンにネズミが挑むようなもの」だと言っています。今回、表現を変えまして、「ライオンに襲われたネズミがやっと逆襲する」、こういうのが行政訴訟なんですよ。行政側は、その事件だけではなく一般的に影響があると思うと、大変な組織と金と職員を投入して戦うので、獰猛なライオンです。原告は自分の利益の回復だけを求めるので、訴訟に投入する資源でもおよそ対等ではない、小さなネズミです（ラムザイヤー・マーク「国税庁はなぜ勝つか？」ジュリスト934号〔1989年〕130頁以下参照）。その上、訴訟制度が、行政優位になっている。およそ対等関係になってないです。だから、勝ったとき弁護士費用をもらっても、ちょっと対等に近づくだけなんですが、そうすれば、行政が少し良くなるんです。ほかの国民も助かる。そして、これは対等性の原則の1つの例ですね。

　アメリカにその発想があるというのは、碓井光明君の論文（「納税者の租税争訟費用の負担」『北野弘久教授還暦記念論文集　納税者の権利』〔勁草書房、1991年〕331頁以下）に出ていました。

● 裁量について ●

　それから裁量について、僕は最近裁量の概念は廃止すべきだと言い出しています。以前、医者の裁量という言い方がありましたが、今は言わない。患者の病気を治すか治さないか自分の裁量だなんてアホか馬鹿なことは医師も言いませんので、もちろん診療契約に基づいて最大限の診断と治療をする義務があるわけですね。それができなかったら過失があるということになる。裁量は法治国家の例外なんて説く人がいて、裁量は、原則として無法地帯みたいな、治外法権みたいな理解がよくあったんですが、あれはとんでもない間違いです。

　裁量とは何かというと、立法者が将来のことをすべて決めることはできないから、将来のことは、そのときの事情を調べて、最もふさわしい解決をせよと行政に委託してい

ると考えるべきです。そうすると、裁判所は、行政がその負託に応えたかどうかを審理するということになる。だから、裁量なんていう言い方をしないほうがよろしい。

これは委任立法でも、違憲立法審査でも同じですが、委任立法だと、行政は法律の趣旨に沿っているかどうかについて説明責任があると考える。

違憲立法審査の場合は、国会が唯一の立法機関だから、ちょっと尊重して考慮をするというのは多少働くかもしれませんし、国会は憲法に基づくのではなく憲法の枠内で立法できるから広くなるが、行政官は法律に基づくのだし、偉くもないから、そんなに尊重することはない。だから、今の行訴法 30 条を廃止して、行政は、誠実に法律の趣旨を探求し、具体的事案において最も適切な処置を取ったことについての説明責任を負い、司法はそれについて合理的に行われたかどうかを審査するというふうにすべきだ。そして、費用便益分析を入れるかという議論はありますが、それが可能なときには入れたらいいと思います（阿部「住民訴訟と裁量に関する司法審査」自由と正義 2006 年 3 月号参照）。

● 住民訴訟と国民訴訟 ●

国民訴訟では、阪大の村上武則教授が大阪弁護士会で講演して、この日弁連の案にもかなり参考にされているようです。僕は今、住民訴訟を神戸市相手に 7 件もやっておりますが、ものすごくきつい。というのは、平成 14 年改正で、市長というポストが被告になっていますので、弁護士費用は全部市が負担しています。当方はひよこ弁護士 1 羽なのに、神戸市側は、審級毎、弁護士毎に弁護士報酬を出すという契約をして、9 人くらいに頼んでいる。ひよこ 1 羽対オオカミ 9 匹ですよ。そして、正しいことは 1 つも言わない。釈明にも応じない。とんでもないことです。それから、1 年以上前のことは、「正当な理由」がないと争えませんが、すべて情報公開請求して調べればわかったから遅い等と反論してくる。期間制限を緩めるべきです。

このような状況ですから、こちらのほうの勝訴報酬ももっと高くすべきだし、判決で「勝訴」しなければ弁護士費用は出してあげないという判例（最判平成 17・4・26）が出ましたが、実質的に勝った場合、要するに被告がもう勘弁してと弁済した場合も弁護士に報酬を出すというふうに解釈しなければいけません（これは近く自治研究で判例評釈をする予定）。

そして、不当抗争する役人には、費用を負担させるというぐらいにしたい。不当抗争する弁護士には、自治体が報酬を払ってはならないとも決めるべきです。国民訴訟をつくるときはこういうことも考えてほしい。

● 印紙代について ●

　それから印紙代、1億円の課税処分を課されたら、最高裁まで争うのに、ちょっと安くなりましたが、144万円かかります。弁護士の先生は、事件を受けるときに、最高裁までこれぐらいかかると説明しますか。一審の32万円しか説明しない人が多いそうですね。僕は、それは消費者契約法に反すると思っています。それで、税務訴訟の実質勝訴率はたった3％と言われていますから、弁護士費用を入れると、税務訴訟は平均してやるだけむだです。土地収用裁決取消訴訟だと、同じく1億円で144万円かかるが、仮に勝ったって、土地は取り返せるが、補償金は返還することになるから、実質利益は何もないですね。区画整理の換地処分取消訴訟は、別の換地を割り当てよというだけなんだけど、土地代に応じた印紙代が取られるのですね。これはなぜかというと、民事訴訟をやっている最高裁民事局の人が印紙代を決めるから、要するに民事訴訟と同じだと思っている。行政訴訟をわかってない人、行政法とその実態をわかってない人がやっているからとんでもない（阿部「基本科目としての行政法・行政救済法の意義（五）」自治研究77巻9号〔2001年〕参照）。

　さらに、行政訴訟は国民から争うので、国民が印紙代を払うのは当然とみんな思っているけど、もともと役所から税金を払えと請求してきたのだから、役所が印紙を貼ってくるべきですよ。国民から訴えなくてはいけないということになった途端に、国民に印紙を貼れというのは、行政法の権力関係でも言ってなかったはずなんですよ。だから、対等性を確保するためには、国民から訴えなければならないとしても、印紙は貼らなくていいとしなければならない。そして勝ったら、弁護士費用の勝訴報酬ぐらいもらえるということにしないと不公平です。台湾では印紙代を取らないとなっています。韓国や台湾に行って行政法の話をすると、向こうのほうが進んでいる。恥ずかしくてしょうがない。

● 是正訴訟について ●

　行政法では、行政行為というのは効力があるんだ。裁判では効力を取り消す必要がある。行政行為とほかの行為は違うなんていわれていますが、何にも違わないんです。行政行為の効力というのは適法だったら従えというだけで、契約解除や会社員の解雇が違法だったら従わなくてもよいというのと違わない。問題は違法かどうか、法治行政を守っているかどうかだから、最初、違法を是正せよという訴えを起こして、あとは、効力があるとしたら取り消しでもいいんだけれども、とにかく、あと、これをやめなさい、お金を出しなさい、許可を出しなさいというように是正訴訟でよかったのに、皆さんの

発想が古すぎて、ほとんど変わらなかった。

● 義務づけ訴訟について ●

　それから、さっき小早川さんの話で、義務付け訴訟で、非申請型というやつについては、他の救済手段がないという場合だけ認める、他に救済手段があればそっちに行けと言われるんだけど、具体的にはその適例というのは何か、書いてないんですね。

　取消訴訟の場合は、取消申請権はどこにも書いてないが必要はないのに、義務付け訴訟では何でうるさいことを言わないのか、義務付け訴訟だと、途端に何か違うように思い込んでいるけど、僕は、ドイツに留学して義務付け訴訟を勉強したけど、だれも日本のいわゆる第一次的判断権という考え方を理解しなかった。だって、裁判所が、行政が判断する前に勝手に判断するなんていう制度はどこにもないので、裁判である以上は両方の言い分を聞いて、その上で判断するんだから、行政にはちゃんと第一次判断権は与えているわけですよ。だから、司法権の限界をおよそ超えるはずがないと。僕は、これは田中先生の偉大なる誤解だが、行政法学は、そうした偉大なる誤解も、重大明白な瑕疵がないと何十年も通用している、公定力がある学問だねと皮肉っています。

● 事情判決について ●

　事情判決も、どっちからも言い出せないんですね。原告から事情判決してと言ったら、取り消ししなくてもいい。役所のほうから事情判決と言えば違法を認めたことになる。だから、これは裁判所が、とりあえず違法だと、中間判決を出すという制度にしておかなければいけないんですね。

● 出訴期間について ●

　出訴期間はほんとに要らない。今回、小早川さんは、不服審査法の改正を検討されていますが、審査請求期間は全部要らないとしてほしい。この制度の根拠は行政の安定性ですが、争うのが遅れたら、困るのは原告だけなんですよ。役所はね、例えば阿部を首にしたら、阿部の復職がちょっと先になるだけ。税金を返すのがちょっと先になるだけです。ひとつも困りません。税務署は5年遡って税金を取るんですから。何も国民は、60日以内しか争えないなんて、制限する必要は全然ない。制度作りには均衡が必要ですが、一日遅れただけで、何百万、何千万円と損させるのは、およそ比例原則違反です。

相談に来る話では審査請求期間が過ぎましたというのがたくさんあります。出訴期間は今回延長されましたけれども、審査請求期間も、だから延ばすのかもしれませんけど、原則として廃止すべきです。ただし、計画とか、行政立法とか、広く影響を持つ行為については出訴期間を置いて、その段階で確実的に決めちゃうというのが一番いいと思います。

　第二段階改革はぜひ必要ですが、このように、視点を定めて、本当に行政と国民が対等になり、法治国家を実現し、権利救済の実効性があるようにすべきです（以上の話を「更なる行政訴訟制度の改革について（上・下）」自治研究2006年3月号、4月号で詳しく述べています）。

● 積み残された課題 ●

　▶斎藤　ちょっと整理をさせていただきますが、阿部さんの話は、極めて具体的ですし、非常に高度な話なので、少しだけ誘導させていただきます。まず、司法制度改革審議会意見書（本書資料1）の司法の行政に対するチェック機能の強化のところで、本格的な検討を早急に開始すべきであると枠の中に書いてあり、先ほどから出ております行訴法の改正がまず行われました。

　また、行政手続法の改正も2005年6月にいささか行われました。この2つがこの審議会の後に行われたことでありますが、それ以外は全部まだ未着手であります。本格的な検討を早急に開始すべきであると政府の意見書で言っているものの中の、重要ではありますけれども、2つほどが一部分的に行われたということですよね。

　それで、今、阿部さんにほとんどおっしゃっていただいた積み残しが多々ございます。課題でいうと、裁量、行政立法・行政計画の審査の問題、団体訴訟の問題、それから、行政不服審査法はどうするか、準司法手続はどうするのか、我々が提起しております公金検査訴訟、すなわち国レベルの住民訴訟はどうするのか、実体法の不断のメンテナンスはどうするのか、担い手、行政不服審査とか、準司法における法曹資格の問題をアメリカと同様に考えるのかどうかとか、こういうことが、行政訴訟だけではない課題として残っておりまして、今、阿部さんは、短い時間にほとんどのことをおっしゃいましたが、後で論議をしてみたいと思います。

　安念さん、コメントをよろしくお願いします。

「良い行政」を求めるのは間違い　　　安念潤司教授

● 勝てない行政訴訟 ●

　阿部先生は、のっけから細かいお話をお始めになりましたが、先生のおっしゃっていることはみんな正しいですよ。とにかく勝てないんですよ、行政訴訟は。訴訟の入口のところを変えたって、中身で勝てなければしようがないですからね。役人が法律をつくっている以上、自分たちが負けるようになんか絶対書きはしませんから。

　ですから、行政訴訟を受けるときには必ず、「負けますよ、それでもいいんですか」と、こう聞くわけです。負けても、「ほら、言ったとおりだったでしょ」で免責されるわけですな。私はまだ経験がありませんが、それでも間違って勝っちゃうことがたまにあるわけですね。そうすると、「いやー、先生、大したもんですね」と褒めてもらえます。ですから、受けることに関しては、全然心配は要りません。99％負けに決まっているんだから。義務付け訴訟がどうだとか、原告適格がどうだとか言うけれども、そんなものは入口の話であって、最終的な勝ち負けに関しては大した問題じゃないんです、実は。役人が負けないように実体法が書かれてある、それだけのことなんです。そこのところが変わらない限りは、どこをどう変えたって、結局は同じことですよ。

　それから、最高裁を改革しなきゃいけないというのも、そのとおりです。ただ、そのとおりなんだが、裁判官に期待するというのが、そもそも間違っているのではあるまいか。公務員が公務員のモニターをするわけですから、要するに公務員に期待しているということなんですよ。それがそもそも私は間違いだと言いたい。行政訴訟は、使い勝手が悪いよりはいいほうがいいんで、それはそのとおりだけれども、ないよりはある方がまし、という程度の話だと私は思います。

● 良い行政よりも少ない行政を ●

　私も、研究者としては行政訴訟の研究から入ったんですが、最近は、訴訟には興味がなくなってしまいました。どうも一種の諦観みたいになってしまって恐縮なんですが、最近は、良い行政というものを求めること自体が間違いなのではないかと思っております。

　結論的に言えば、良い行政を求めるんじゃなくて、少ない行政を求める。要するにスモール・ガバメントを求める。役人には、できるだけ仕事をやめていただく。仕事をすると必ず人の税金を使うわけですから、そういうことはやめていただいて、とにかく霞が関の仕事をなくすというのが、結局、一番いいと思うんです。

こう申しますと、それでは、再分配はどうなんだというご批判があると思うんです。私は、再分配は非常に重要だと思っています。ただ、再分配のための膨大な官僚機構をつくったのが間違いなのであって、機械的な再分配で、もっと効率的に制度設計ができるはずですので、それをやるべきだと思います。

　大体、金持ちの人は、自分では、全く自分の努力と才能で金持ちになったというふうに思っているんだが、まあ、9割ぐらいは運のおかげでしょう。だから、運の部分は世の中に還元するというのが筋じゃないかと思いますね。

　はなはだ抽象的な議論になってしまいますが、少ない行政が良い行政であると私は思います。実体的な意味で良い行政なんていうのを望んだって、それはしようがない。それは、政治家や官僚に聖人になれと要求することに他ならないからです。

　この点を、政治家の先生方はどのようにお考えになりますでしょうか。きょうこの会場にいらっしゃる塩崎・江田・山口の三先生は、私の知る限り、これは全然お世辞で申し上げているんじゃないんですが、政界の中ではほんとうにとびきり知性的な方々ですから、多分、政界の全体の感覚とは大分違うんじゃないかなという気がするんです。

　三先生のお話は、政界の一般のカルチャーではないという前提で、私も含めて承りたいと存じます。失礼しました。

▶**斎藤**　どうもありがとうございました。最後の三議員の評価については私も全く一致しますが、最初の、司法に期待するな、行政はよくならないと、こうおっしゃると、このシンポジウムは何かということになりますが、我々としては、安念さんのお話を反語としてお聞きして、これからの議論を進めたいと思います。今の誘導部にもございましたが、塩崎議員から順次、大きなお話をひとつよろしくお願いいたします。

2段ロケットの行政法制改革　　　　　塩崎恭久衆議院議員

● 司法改革との関わり ●

　自民党の塩崎恭久でございます。きょうは、このようなレベルの高いところにご案内をいただきまして、ありがとうございます。お隣の江田先生は裁判官ですが、私は日銀出身、法律も大学で勉強しなかったし、全くこの世界の門外漢だったんです。

　しかし、政治家になって金融の世界を見るにつけ、いかに裁量行政の塊みたいなことをやってきたかという思いを強くしていました。その結果がバブルの発生と崩壊という形でツケが回ってきたわけです。そういった面で私は考えさせられることがたくさんあっ

て、この司法制度改革にもかかわるようになりました。

● 行政法制度等改革推進本部の設置を ●

　資料があります。1つは、「『行政法制度等改革推進本部』設置を求める緊急提言」で、これは、私ども自民党の中の、国民と行政の関係を考える若手の会が、安念先生を含め、弁護士会、それから学者の先生方にも参加していただいて、こういう提言をいたしました。もう1つ［本書資料4］は、そのさらに凝縮版というべきもので、今（2005）年の1月28日に自民党行政改革推進本部と、私が小委員長を務めていた司法制度調査会の基本法制小委員会がつくったものです。

　今（11）月初めに外務副大臣に就任したものですから、この小委員長のポストを譲らないといけないのですが、そのペーパーの中で、行政法制度についても、これは各党も日弁連も考えは同じだと思いますが、行政法制度改革推進本部を内閣に置いて、引き続き、行政と国民との関係というものを考えていこうと主張しています。今、安念先生からもお話がありましたように、個別実体法の問題も含めてやっていかないといけないということです。

● 行政訴訟改革の積み残し課題 ●

　行政訴訟の改革というのは、実は、去（2004）年初めて50年弱ぶりぐらいに行われました。そのときの検討の場が、この基本法制小委員会だったものですから、私が最後の司法制度改革推進本部との調整、詰めに当たりました。残念ながら、極めて不十分な結果に止まり、さっき阿部先生がいろいろと宿題も含めて問題意識を述べられましたように、かなり宿題が残ったわけです。この司法制度改革推進本部そのものは、今回の改革第1弾の終了をもって2004年11月に解散しましたが、こういう急激な社会の変化の中で、事前規制型から事後チェック型へと大きなパラダイムシフトをする際には、当然のことながらさらなる司法制度改革が必要です。例えば、三権分立というのは、我々は小学校からずっと習ってきたんですけれども、実はそんなものがほんとうにあったのかというのが、私の政治家になっての初めての感想でありました。つまり、最高裁判所の改革をしなければいけないと言われているけれども、そもそも法務省に常時いる裁判官の数を聞いたら、驚くほど多いわけで、こういう国はあんまりないんじゃないかと思うんですね。片道で行ったきりということはあるかもわからないけれども、常時、司法と行政の間を行き来する人が大勢いながら三権分立だというのは、やっぱり人間だったら、普通はそうはならないんだろうと思うんですね。

司法制度改革は、とりあえず、かなり進んだことは進みました。しかし、行政と国民との間の関係を直していこうという今回の行政訴訟改革は、ぎりぎり、オール霞ケ関がいきりたって大抵抗をするというところまではいかない程度の改正だったということです。したがって、宿題がたくさんあるわけですが、そこから先に行こうと思ったら、実際にこの法律を通すのは国会ですから、必ずしも安念先生のおっしゃるような感覚の人たちだけではない、しかも霞ケ関と連合軍を組む人たちも当然いる中で、なかなかの力仕事なんですね。

　私も、ほかにもいっぱい、通すのに力が要った法律がありますが、この行政法制度を直していくには、やはり相当の力が要ると思っています。そのためには、マグマみたいなものが必要なんですけれども、今、司法制度改革推進本部がなくなって、そういうマグマは少し衰えているんだろうと思うんです。どうやってマグマをまた盛り上げていくのかというのが、実は一般に基本的に欠落している問題意識であって、これがないと、そう簡単には進まないのです。ですから、公募制度も我々は導入しましたので、ぜひ次の衆・参議院の選挙のときに立候補していただき、一緒にやっていただきたいと思うんです。

　私が会計小委員長とか、商法小委員長とかをやってみてつくづく思うのは、日本はほんとうに、資本主義だろうか、官僚統制社会主義国家ではないかということです。この官僚統制という部分にどうメスを入れられるのかというのが、行政法制度の大きな問題だと思います。

●橋本行革と積み残し課題●

　さっき、少ない行政がいいんだという話がありました。今、公務員の数を減らそう、それから、人件費を減らそうと言っていますけれども、それ以前にやらなきければいけないことは、すべての行政の仕事をほんとうに官がやるべきなのか、民でもいいのか、どっちでもいいのかという、仕分けをすることです。その物差しを橋本行革では轉法輪さんが委員長をやっていたところでつくったんですよ。

　私は、てっきりそれを1つ1つ当てはめて、これはもう官ではなくていい、これはやっぱり官でないとだめだ、あるいは官でも民でもどっちでもいいから、外にアウトソースしようとか、そういうふうに仕分けをした上で省庁の再編というのはやるものだと思っていた。ところが、現実は省庁の再編が先に来たものですから、業務の見直しはほとんどなされないままに、結局省庁再編だけが行われたというのが橋本行革だったと思うんです。

確かに橋本行革は力仕事で、いろいろな意味でいいこともありましたけれども、大事な宿題を残したことも間違いないのです。今回、公務員の数を減らそうなどと言っていても、仕事が減らないのであれば、どこかにしわ寄せが必ず来て、ごまかすか、さぼるか、隠れてやり続けるか、何かゆがみが来るに決まっているんです。今回、業務の見直しというのをやらなければいけないと思うんですが、これは1年位でほんとうにできるかどうかというぐらい大きな話で一番大事だと思っています。

● 2段ロケットの中身 ●

　そこで、本論に戻りますと、私たちが出している提言を、弁護士会などほかのものと見比べますと、みんな同じことを言っています。だれがシナリオライターかがわかるような感じがしないでもないですが、思いが一致したからそういうことになっているというだけの話であります。事は行政訴訟法だけではなくて、行政手続の改革もしなければいけないし、それから、個別実体法をどうするかということもあります。今までタコつぼのようにやってきたものを横断でやるのです。例えば独禁法で、横串で行政を仕切るという、そういう発想というのは今まであんまりなかったですね。

　この前の独禁法改正の際に、エッセンシャル・ファシリティ（不可欠施設）という考え方が初めて示され、結局つぶれましたけれども、あれがいいか悪いかは別にして、ああいうものがこれからはほんとうは必要になってくるんだろうと思うんです。そうすると、政府の形もちょっと変えていかないといけないでしょう。

　それから、2段目のロケットということで、これからやらなければいけないものの中に、通達が訴訟の対象になるかということがあります。一応対象になるような感じになっていますけれども、それ以外に例えば行政立法の中の金融検査マニュアルとか、こういうものを対象にできるのかどうかというのは、いまひとつよくわからない。

　それから、行政裁量をどう統制していくのか、特に上場廃止された株主は何ができるんだというような問題を考えると、やっぱりクラスアクションみたいなものもどういう形でいけるのか考えなければいけない。行政の手続、それから判断の中身を問う司法の実効性というものをどう確保していくのかということが大事だと思います。

● 行政の過剰防衛？ ●

　これからの2段目ロケットの中で、幾つか気をつけなければならないことがありますが、先ず行政コストの肥大化をどうやって防いでいくのかということが大事であると思います。それから、当然、訴訟が起きやすくなれば、行政の過剰防衛の動きが生じ、司

法によるチェックが早期に入ることをおそれて、行政が何も自分で判断しないという不作為を引き起こす可能性もあります。さっき、ハンセン病の話が出ました。韓国と台湾の問題ですけれども、あれは、実は補償を議員立法でやったんですね。当時のいわゆる外地の施設を告示に書かなかったということですが、これは意図的に書かなかったのか、それともわかっていて、不作為でわざとやらなかったのかが問題です。特に議員立法で我々がやってみると、意外に役所は、立法者の意図がよくわからなかったのでとか言って書かない、というようなことも結構あります。今回、私は何で平等に扱わないのかなと思いますけれども、厚生労働省は一応別の法律でやるということを言っています。本来、立法のときにちゃんとやっておくべきだったことをやらなかったのは、果たして不作為だったのか、あるいは過剰防衛だったのか、その辺も考えなければいけないと思います。

　それから、行政裁量というものが、さらに巧妙になってくるということがあると思うんですね。自分で判断しないで、組織的に外に出していく。そこの言うことを聞いたら間違ってしまったと言って、巧妙に逃げるということも起こり得ます。これは、実は自分でつくっておいて言うのもなんですけれども、何年か前に会計基準をつくっていた企業会計審議会を我々の提言で民営化しました。つまり、財務会計基準機構というものをつくって、そこが一応会計基準をつくりますけれども、最終的な決定権は金融庁が持っているという形にしてあります。金融庁は、最大限、機構がつくったものを尊重するわけですが、リード権だけは持っているんですね。その結果、場合によっては機構がちゃんとやらなかったということで逃げるということもあり得るだろうと思います。

　この間、のれん代の償却をする、しないという問題がありました。つまり、アメリカもヨーロッパものれん代というのは非償却資産で、償却はしないんですが、日本だけが償却しているんです。したがって、日本でM&Aをやっていると、のれん代の償却が嵩み、毎期の収益がどのくらい出ているのか、株主によくわからなくなります。減損だけやればいいほかの国に比べ負担が大きいのです。

　ところが、これを財務会計基準機構というか、その当時はまだ企業会計審議会だったんですが、そこが、経団連など一部だけの話を聞いて、M&Aをどんどんやっている企業の意見を聞かずに決めてしまいました。結局、非償却資産にすべきじゃないかという議論は全然通らなかった。既に、パブリックコメントも終わり、実務指針みたいなものが今度出され、そのままどうもいってしまうということになりました。行政は、頭のいい人たちが結構そろっているものですから、より巧妙に、司法の光の当たらないところに逃げ込んでいくという可能性もあるのかもわからないということです。

● 準司法手続の改革 ●

　そんなことで、我々としては、自民党の基本法制小委員会で、私たちが提言をしている行政法制度改革推進本部を政府につくれと言っています。また、行政手続の関係で、特に準司法手続について、同時にやろうということで、実は阿部先生に第1回目の講師としておいでをいただき、この間もまた、宇賀克也先生に来ていただいてお話を聞きました。これからシリーズでいろいろ勉強をやるために、今、準司法的な手続を所管しているところが政府の中に十幾つあるんですけれども、そこからアンケートを全部取り寄せて、集計しております。

　中身はまだすっきりわかるようになっていないので精査中ですが、これから日本の準司法手続をもっと明快にしていこうと思っております。どうも今までは、不服審査にしても何にしても、何となく行政の別動隊みたいになっています。おまけに利益相反が容易に起こるような人事をやりますから、公取委でも証券取引等監視委員会なんかでもそうですけれども、その独立性とか、身分保障とか、それから法曹人がほとんどいないとか、いろいろ問題を抱えています。一方で、専門性というものをどう築き上げていくのかということがあります。今までは、余りにも専門性ということばかりを考えて、細かいことを知らないとできないみたいなことをやってきましたが、よく考えてみると、それは国民のためではなくて、行政のためになることをよく知っているにすぎないというものがほとんどだったような気がします。国税もそうですが、そういう準司法手続をどうしていくのかということで、行政審判庁の構想というのもありますけれども、我々、ALJ（行政法審判官制度）とか、そういうものを含めていろいろ考えていこうということで、作業を始めているところです。

国民の目で行政を司法がチェックする　江田五月参議院議員

● 行政訴訟改革は当たり前の改革 ●

　行政訴訟改革は、そんなことを言うといけないでしょうが、私は7割方あきらめた感じでいます。2004年の通常国会で一部改革が出来ました。しかしこの改革は当たり前の話で、これくらいのことではいけない。現在、第2弾ということで、検討会で一定の検討結果が出されましたが、それがなかなか実際の立法過程には乗ってきていません。しかしこれは、やらなければいけない。これも当たり前の話で、こんなことで行政訴訟改革が終わってしまったとなると、行政訴訟改革に関する限り、司法制度改革は一体何だったのかということになってしまう。実はそう思っています。

皆さんのお手元にある、きょうの日弁連のこの緑の資料で見ると、自民党の皆さんの文書と公明党の皆さんの文書はあるけど、民主党の文書がありません。どうなっているのかなと思って聞きますと、手元に「市民のための新たな行政訴訟制度へ　第4案　平成15年8月」というのがあります。これが「ただし、党内機関決定はしていません」というので、多分外に出ていない。パラパラと見てみますと、いろいろなことが書いてあります。民主党の若手の優秀な議員の皆さんが作ったんだろうけど、何かちょっと線が細いような感じがしています。線が細いか太いかというのは、私の行政訴訟改革ビジョンを判断基準にしてのことです。今の小早川先生、阿部先生の話を聞いていて、そうだ、そうだ、そこまで行かなければ改革にならないと思いながら聞いていたんです。

● **切り口の違う行政法を** ●

　というのは、私は大学を出たのが1966年、今からもう40年ぐらい前です。卒業時に、ひょっとして行政法の助手になれたら、それも1つの道かなと思ったりしていました。雄川一郎先生にほれたからではなくて、田中二郎先生、雄川一郎先生、さらに続く塩野宏先生の行政法でも、どうも満足できない。何か違う。もうちょっと切り口の違うものがないのかと思っていたのです。

　つまり、日本は戦後改革をやったんですが、司法も戦後改革で十分なものはできていない。行政も十分なものができていない。それこそ、行政法総論の教科書を見ると、美濃部達吉先生の行政法の教科書の第1章というんでしょうか、憲法のところが変わっただけの話で、行政法自体は全然変わっていない。相変わらず行政の優越性とか、行政行為の公定力とか、それを基盤にして、結局は抗告訴訟で全部組み立てられている。そんなものではない全く新しい体系は何かないのか。国民主権のもとでの行政法総論、国民主権のもとでの行政訴訟法というものができないとおかしいのではないか。もし大学に残るなら、これをやってみたいなと。結局は、法律学の勉強はもう嫌だというので、司法研修所に行ってしまったのですが。

　そして裁判官になってすぐに、最高裁判所にイギリスに留学しないかと言われ、同じ行くならイギリスの行政法を勉強してみようと思って、オックスフォード大学で、H・W・R・ウェイドという行政法の先生のもとで2年、勉強しました。イギリス行政法の自然的正義の原則、つまり告知・聴聞の権利の中の聴聞分野につき、論文を書いてディプロマを貰いました。ご承知と思いますが、イギリスの行政法というのは訴訟法体系でできているので、別に実体法がそれほどあるわけではないんです。そこで判例を一生懸命読みながら勉強しました。

そのときに、日本の行政法はどうなっているんだと尋ねられ、公定力の理論をわからない英語で一生懸命説明したのですが、先生に全然通じないんですね。英語のせいではありません。それは何のことだという。行政というのは、まず第1次判断権でひとたび行政庁が処分を決定したら、あとは権限ある機関が取り消すまでは有効とみなされると説明したら、「そんなこと言ったって、私人だって同じじゃないか。ひとたび契約があれば、適法に契約が取り消しとか無効になるまでは、契約はあるということじゃないか」と言われて、これはまいったなと思いました。何とかして、この行政法総論をがたがたにしたいという思いがありました。

　それがさっぱりできてこない。できてきませんよね。私も阿部先生と同じで、過激派なのかもしれませんが。そんなことを考えながら、行政訴訟法を何とか考え直してみたいという思いを持ちながら、既にでき上がった第1次の改革は当たり前で、さらに第2ステージの提案も当たり前で、もっと先に進んでいかないといけないと実は思っているところです。

● **法の支配の理念に基づく行政訴訟制度を** ●

　司法制度改革審議会の意見書に書いてあることをごらんいただくと、このときには行政訴訟改革まではまだ行っていません。審議会は行政訴訟改革は後へ残すという前提で作業をしたのですね。しかし後へ残すけれども、これも重要なテーマだよということだけは意見書の中に書き込んでおこうと。確かそんなことで、そのときに私どもも意見を提出いたしましたが、とりあえず、ここにテーマがあるということだけを書いた。

　何を書いているかというと、司法審査のあり方に関して、法の支配の基本理念のもとに総合的・多角的な検討を行う必要がある、政府において本格的な検討を早急に開始すべきであると書いてあるわけです。この司法制度改革審議会の、法の支配という言葉をどう理解するか。一般論として法が支配をするんだというだけか。つまり、実力の強さが支配するのではない、お金が支配するのではない、裁量が支配するのではない、恣意が支配するのではない、法が支配するんだという理念だけのことか。イギリスの法の支配というのは、ちょっと違います。ルール・オブ・ローというのは、裁判所の前に出ると、公権力も私人も、つまり女王も一般の市民も対等ですよということです。法というのはこの場合は裁判所なのですね。だから私は、法の支配という基本理念のもとで行政訴訟を根本的に考え直すというのだったら、それは賛成です。しかし、今一般に言われるような、実力や恣意が支配するのではない、法が支配するのだという程度の法の支配だと、ちょっとまだ不十分だと思っています。

● 国民主権のもとでの行政訴訟 ●

　もとへ戻しますと、国民主権のもとでの行政訴訟とは、一体どういうものですかということです。裁判所も、国民主権のもとの裁判所になる。これが司法制度改革の理念にならなければいけません。今回の裁判所の改革は、裁判員制度とか裁判官の任用制度とか、いろいろな改革を、やや隔靴掻痒の感はありますが、それでも足に感じられる程度の改革にはなっていると思います。その国民主権のもとの裁判所が、国民主権の一態様としての司法権を行使して、行政をチェックすることになるのかどうかです。

　国民の目で行政を司法がチェックするんだという精神が、一体あるのかどうか。三権分立で、行政が判断したものは司法はなるべくさわらないようにしよう、それでも、これは違法だというところだけはさわろうというような消極姿勢ではいけない。単に違法だけではなくて、不当な行政処分についても司法のチェックは及ぶようにしなければなりません。また個別の行政処分による権利侵害だけではなくて、もっと団体訴訟、クラス訴訟、納税者訴訟、その他いろいろなものが導入されなければなりません。その根底に、国民主権を体現する形で司法が行政をチェックするという、その理念をしっかり打ち立てることが今一番大切なことだと思っています。

　第2ステージの行政訴訟改革というなら、そこまで日弁連の皆さんにぜひ提案をしていただきたい。おまえたちが提案しろと言われたら、そのとおりなのですが、今ちょっと私は法務部門の会議にも出られないぐらい、ほかのことが忙しくて、若い人に譲っておりますので、その皆さんをまた叱咤激励しておきます。

立法府が行政をチェックする　　　　山口那津男参議院議員

● 行政チェックの重要性 ●

　公明党の山口那津男でございます。私は東京弁護士会の会員でありまして、以前は、司法界から行政を見るという視点で仕事をしておりました。当時のお師匠さんであります北武雄先生もきょう会場にお越しいただきまして、懐かしく思うわけでありますが、立法府へ移って、この立法府が行政をチェックする、あるいは統制する、この機能の重要さを改めて実感しております。

　一昔前の行政法的常識からすると、かなり違った現象が近年あらわれてきております。例えば、構造改革特区というのが、法律をつくって、今五百数十のモデル事業があるわけですけれども、これは規制を部分的に緩和する、それには地域特性も考慮してということでありますけれども、これでさまざまな規制の実験をしているわけです。そ

れが、従来の一般的な、全国一律の規制がほんとうに妥当かどうか、そして個別に変えた、この規制の緩和がほんとうに妥当かどうか、その実験をさまざまな実例で今やっているところ、それが検証されていくにしたがって、本来の行政規制の妥当性というものが再チェックされるという流れができているところであります。

　それからもう１つ、先日やりました郵政民営化、これも一昔前では考えにくいことでありまして、例えば内容証明とか、あるいは送達に関するような、本来行政でやってしかるべきようなことが、民間の会社の中で１つの公的な使命を持つ制度として、そこだけ切り取られて維持されるようになっている。そこに携わる人々をみなし公務員として、公務員と同じような規制をかける。こういう、原則と例外がひっくり返ったような仕組みが登場しているということで、隔世の感があります。

　今進行中のいろいろなテーマの中で、小さな政府、効率的な政府を目指してという、大きな動きがあります。これは人口減少社会、少子高齢化の進展、これらを踏まえて、従来の行政サービスを維持するということはもう到底できない、安易な増税に頼ることもできないし、借金を重ねることももはや許されないという中で、この小さな、効率的な政府を志向していかざるを得ない。そうすると、今まで漫然と行われた仕事を１つ１つ見直して、スクラップ・アンド・ビルドを繰り返していかなければならないという観点から、さまざまな試みがなされているわけであります。

　例えば、三位一体というのは、補助金をなくすことによって、地方自治体にやるかやらないかを任せるという分野が出てきますけれども、一定割合で税源も移譲して、仕事をやれる裏づけも与える。だけれども、補助金をなくす対象は４兆円、税源移譲の対象は３兆円ということですから、やはり１兆円ずれた部分というのは、どうしても仕事をなくさざるを得ないという方向になるわけであります。それから、政府系金融機関の改革というのも途上にありますし、特別会計の見直しというのも、今行われようとしているわけであります。これら一連の改革の中で、先ほど塩崎先生が触れられたように、限られた時間の中で成果を出したかのように見せようとすると、数字合わせで終わってしまうというところがありまして、そういう部分も確かにこれから生じるだろうと思います。実際に必要なことは、やはり政府のやっている事業１つ１つを見直して、これがほんとうに必要なのかどうか、あるいは民間に任せても大丈夫なものもないか、あるいは地方自治体にやってもらったほうがいいものはあるかどうか、そういう個々の事業をすべてチェックし直すということがほんとうに必要なんだろうと思います。我が党では、それを「事業の仕分けをして、スクラップ・アンド・ビルド」ということを言っているわけでありますが、行きつくところは、一定の比率で新規事業に回し、一定の比率で仕事を確

実に削減するという目標であります。

● 行政監視の経験から ●

　そういう流れの中で立法府としてやれること、これは、この間の特別国会まで、私は参議院の行政監視委員長というのをやっておりまして、2つのことを実感しました。この委員会の役目というのは、行政を監視する、また行政を評価する、あるいは行政に対する苦情を処理する、この3つの仕事なわけです。

　1つはこの監視と評価を通じて、それを予算に反映させていくという役目が非常に重要だなと思いました。予算書と決算書を政府がつくりますけど、この対応関係が今までありません。それぞれ見ていると、予算で組まれた1つの仕事がどう決算で評価されたのかという、対応関係がよくわからないようになっているんですね。これをもっと一律に対応関係がわかるようにしていくべきだろうと思っておりまして、その改革を今進めようとしております。

　例えば、1つの大きな施策をやろうとする場合に、一塊の政策群というのが出てきて、それに対応する個別の事務とか事業とかいうのが出てくるわけです。その関係が、予算書でも決算書でも、一目で対応関係がわかるようにする。これは行政をチェックするための、あくまで道具立てであります。こういうことを整えていくことによって、第三者、あるいは国会議員にも見えるようになる。まず道具立てをつくるということが一大作業で、今とり行われているわけであります。

　それから、行政評価制度。これは3年前に与党でつくったわけで、まだ試行錯誤の過程にありますけれども、各省庁がみずからの事業に対して、事前に評価をする。こうやれば、こうよくなりますよということを事前に評価したり、あるいは結果として事後評価をして、「こうなりました。必要性もありましたし、効果も出ました」というように、自分で自分を評価するわけです。で、それに基づいて予算要求をするわけであります。そうすると、財務省がそれをもとにして、「いや、そうは言うけど、これはほんとうは必要ないのではないか。もっと効率的な方法があるんではないか」と予算の査定をしていくわけであります。しかし、これはあくまでも行政の中でのシステムでありまして、お手盛りの感を免れない部分もあります。ですから、これもまだ試行錯誤で、全省庁・全事業について行政評価が徹底しているわけではありませんので、これを徹底させることによって、さらにこれを立法府がチェックをするという役目が必要になってくるだろうと思いまして、着々とそれが進みつつあるということであります。

　一方で、査定当局、財務省は、予算の執行状況の調査ということを毎年やっています。

この予算の使い方はほんとうに効率的かどうか、もっと安上がりでいい結果を出せるのではないかということをサンプル的にピックアップして、実態調査も踏まえてチェックをするということでありますが、これもやはり財務省のマンパワーと時間の制約の中で、とても限りがあるということであります。

　他方で、会計検査院というのがありますが、これは過去の決算について会計検査、主として会計法規に合っているかどうか、規則に合っているかどうかという視点でこれをチェックしていくわけです。これも一定の効果はあると思いますけれども、果たして、その政策がほんとうにお金のかけがいがあるのかどうかという大きな評価は、し切れていないというきらいがありまして、これも今回、会計検査院法の改正等によりまして、新たな試みをしたところであります。これは後ほど、若林解説委員のほうからもお話があるかもしれません。そうした、行政監視、行政評価という国会の役目を通じて行政をチェックするということが、これからもっともっと必要であるということを実感しております。

● 苦情請願の例 ●

　それともう１つは、個別の救済ということであります。これは、行政の違法な行為、あるいは不適切な行為というものがあるわけですね。それを司法でチェックするというのも１つでありますが、立法府がオンブズマン的な機能を果たして個別の苦情処理をするという機能を与えられているわけです。しかし、実際に10年間、これが発動されたことがありませんでした。この間の国会で初めて、個人への行政の不適切な行いに対する苦情請願というのが出てまいりまして、それを採択するということを初めて国会でやったんです。

　この事例というのは、交通事故の疑いのある事例を告訴したけれども、警察が嫌疑不十分で不起訴処分にした。検察審査会に申し立てたけれども、これも不起訴相当という処分で、行政的には、そこで万事休す。しかし、なお遺族の方は執拗にこれを内閣や国会議員にいろいろと陳情を繰り返した。で、国会質問が契機となって、国家公安委員長が「証拠を開示しなさい」ということで、解剖とか死体検案書とか、幾つかの証拠を開示したんです。それを第三者的な専門家が見て、これを批判するということがありまして、証拠を開示したためにますます疑惑が深まったということで、当事者の主張はエスカレートしていったんです。

　それが、この参議院の行政監視委員会に請願という形で持ち込まれました。で、その中身を精査した上で、その請願というのは、警察の捜査をやり直せとか、国家賠償

を求めるとかという内容ではありませんで、なぜ不起訴に至ったのか、これを関係者に説明責任を尽くせという内容の請願でありました。立法府が受けるとすれば、その限りにとどまるかなという限界も感じたわけでありますけれども、説明責任を勧告するという請願を全会一致で採択したわけであります。

　この採択をするに当たって、幾つかの議論がありました。1つは、個々の事例、個々の請願をこうやって国会が審査をしてやると、濫用にあたりはしないか。数多くのものが一遍に来た場合に機能マヒに陥らないかというのが1つの懸念でありました。しかし、このケースの場合には、行政内での不服審査の申し立て、その他のチェックはもうすべて道が絶たれている。さらに、案件から10年以上たって、司法救済の道も絶たれている。唯一、国家として何かやれるとすれば、この苦情請願を処理して、行政に説明責任を尽くせという勧告ができるということで、最後の細い窓を立法府が開いたという結果であります。

　これを今行政にぶつけて、行政が対応しようとしているわけでありますが、行政側はどう受けとめているか。これは警察関係であったわけですが、やはりこれからの時代、行政としては、説明責任を尽くすということは非常に重要な課題である。そして、それを組織内で徹底することによって説明能力を高める。そして国民、当事者の理解を得る。それがまたスムーズな行政の運営にも役立ってくるはずだということで、行政側としても、立法府のこの勧告に対して、過度な負担を課されることなく、しかも行政としても対応できる、そういう苦情請願の処理という実例を初めて立法府でつくったということであります。

　本来であれば、この苦情請願というものを、行政の中でもっと組織化し、機能化していくことが必要であろうと思いますが、いわば最後の受け皿として、立法府もそういう機能を担っているということを実証として示したということであります。最近私が感じた立法府と行政府との関係について、雑駁な感想を申し上げました。

　▶**斎藤**　ありがとうございます。大分質問も来ておりますので、ご紹介しながら、それも組み込んでお答えいただきたいと思うんですが、若林さんには、住民参加の名のもとに、実際の行政機関だとか、審議会では、関与している者に著しい偏りが生じているという質問です。大学の先生とか活動家とか、えらいこと書いてあります「暇人とか」ですね、この生じている偏りのことをどう考えるかというのを若林さんに一回聞いてみてくれというような質問もあります。それも含めてご感想をお願いします。

行政訴訟の改革から行政の改革へ　　若林誠一 NHK 解説委員

　若林です。まず第1の質問、偏っているかどうかはなかなか言いにくいんですが、実は審議会の委員にならないかというお話を、これまで何度もいただいていますが、全部断っております。一度もやっていない。それは、ジャーナリストというのは、やはり政府の意思形成過程に関与すべきではない、そうしないと批判できないという気持ちから、今まで一度もやっていないということであります。私が入るとさらに偏るかもしれないんですけれども、それ以外のことはコメントは差し控えさせていただきます。

● 会計検査院法の改正 ●

　先ほど山口さんが会計検査院の話をされましたけれども、けさ、実は会計検査院の話をテレビでしゃべりました。会計検査院法が改正になった話をしました。今回の改正では検査対象が広がったとか、あるいは検査を受ける義務が明記されたというようなことがあるんですが、重要なのは、会計検査院が今までは内閣だけに報告をしていたのを、内閣と直接国会にも報告することができるように改正されている点です。

　従来、会計検査院というのは、実態としては、決算書類の付属文書をつくる文書作成機関みたいな位置づけだったんだろうと思うんです。憲法上の機関で、独立機関で、内閣の一部でも何でもないわけですけれども、過去の会計検査院の振る舞いを見ますと、大蔵省の出先みたいな雰囲気もなきにしもあらずだと。今度も大蔵省の出身の方が検査官になっているようですけれども、何で国会の方が認められたのかよくわかりませんが、そういう立場だと。

　しかし、会計検査院が本気になって仕事をすれば、実はいろいろなことができたはずなんです。しかし、非常につつましく、60年間を生きてきた。最近、10年ほど前から雰囲気が大分変わってきておりますけれども。国会からは、「会計検査院さん、もう少しちゃんとチェック機関としての機能をしてくださいよ」というメッセージが送られて、検査院の皆さんも、これからどうしたものかと感じていらっしゃるところのようです。私のコメントとしては、会計検査院は国民の目線に立った検査をするよう変身してほしい。検査院が国会に直接つながったということは、国民の代表と直結したわけだから、そういう視点から頑張ってくださいというエールをけさ送ったところであります。

● 在外投票違憲判決 ●

　次にお話ししたいのは、今（2005）年の9月に、最高裁大法廷が在外投票制度に

ついて違憲判断をしたことです。先ほど安念さんは、裁判なんていうのは全く役に立たないというようにおっしゃいましたが、私は、そう絶望的でもないというふうに思っていますし、むしろ絶望してはいけないと思っているんです。判決を見たあと、司会をしていらっしゃる斎藤さんとお話ししたんですが、すごいというのが共通の印象でした。私は、判決文を読んで、やや身震いはしました。

　なぜかといいますと、立法裁量権に対する司法審査について、従来の最高裁の論理構成というのは、まず立法の裁量を認めてしまう。その上で、その裁量権の行使が著しく逸脱しているかどうかということを審査するという論理立てになっています。ところが、あの判決は、まず憲法の原則からスタートするんです。憲法は国民主権を言っている、公務員の選任権というのも書いてある、そういう憲法の幾つかの条文から、国民には公務員を選ぶ権利があるんだ、その権利は平等なんだということを言っていて、これが議会制民主主義の根幹であるというふうに言っております。その根幹を規制するには、よほどの理由がない限り、してはならんと。在外投票制度を制限するのは、到底、合理的な規制とは言えないということで、憲法違反という論理展開をしています。

　これは従来の、立法裁量をまず認めた上で、それが著しく逸脱しているかどうかを裁判所が審査をしますという姿勢から、そうではなくて、まず憲法の大原則を持ってきて、憲法原則に反するものはだめですよと。つまり、反してないということを、立法なり行政なりは説明をして、合理的な説明ができなければだめと言っているという、原則と例外をひっくり返しているわけです。この意味はとてつもなく大きいと私は感じています。行政法学者の皆さんはどうおっしゃるか、わかりませんけれども、私はそう感じました。解説委員室の同僚に、少なくとも最近の判決の中で最も重要な判決の1つだと私は思うと説明をし、テレビでもそのような趣旨をしゃべったわけです。

　こんな話をすると、「何だ、司法というのはいいのか」という話になりますが、もう1つは、確認の訴えというのを認めております。多分これは判例変更に当たるような話だと思うんです。判例変更したということを、実は表向きは言っていませんけれども、多分判例変更に近いようなことではないかと。この辺は小早川先生が詳しいと思いますけれども。今回の裁判でとても重要な点は、確認の訴えという手法を当事者が使っていることだと思うのです。一審の段階では、当事者訴訟として、確認の訴えをしていないんですが、二審の段階から、確認の訴えというのをつけ加えたわけです。

　今回の行政訴訟法の改正で、確認の訴えについてこれが出来ることの確認規定ができたわけですが、ちょうど時宜を得た裁判が最高裁に上ってきた。しかも、非常にわかりやすい在外投票権を認めるかどうかです。誰もがどんどん外国に出ている時代に

なってくると、やっぱり投票を認めないのは国会の怠慢だろうと。とてもまともな判断を最高裁がしたというふうに思います。時代が変わったのかなという印象を受けているわけです。あまり裁判所を褒めると怒られるんですけれども、この判決は非常に重要だと思います。

● 裁判所を「巻貝」から「二枚貝」に ●

ここから私たちが考えなければならないのは、要するに、裁判の場にどういうふうな訴訟をどのような形で提起をしていくのかという問題だと思うんです。さる高名な裁判官のOBの方が、裁判の質、レベルというのは結局当事者のレベルによって規定されるという言い方をしています。そうだとすると、ここには多く弁護士さんがいらっしゃると思うんですけれども、ほんとうに意味のある裁判を、ほんとうに意味のある形で、きちっと法廷の場、裁判の場に持っていく。今までの裁判所というのは、巻き貝がだんだん奥に狭くなっていく、あの巻き貝の中に入り込んじゃったようなものだと僕は思うんですけれども、そういう狭い世界の負のスパイラルに司法が落ち込んでいっていたのを、やはり開放して二枚貝にしていかなければいけないと思うんです。そのようにするためには、司法が食いついてくるようにして司法の場に持っていく努力が非常に重要なのかなと。

裁判所も変わらざるを得ないということは、わかる人はわかっていると思うんですね。そのように、司法も変わろうとしているわけですから、そこをどううまく使っていくのか。当事者がそこをしっかりやらないと安念さんの評価のように行政訴訟法を改正しても結局何の役にも立たないというふうになるかもしれません。いや、そうはさせないようにするためには、どういうふうにやっていくのか。要するに、実務家の努力がとても重要だし、それを支える社会的な力みたいなものをどういうふうにつくっていくかというあたりが重要ではないかということを感じます。

小早川さんのお話しになった話は、私が今感じていることとほぼ一致しております。そういう意味で言うと、安念さんに言わせると守旧派ということになるかもしれませんけれども。私も問題認識は基本的に同じです。やはり学者というのは立派だなと。自分が感じていることを整理して話すと、こういうふうになるのかなと思って、僕には学者は無理だということをまたつくづく感じました。

● 行政訴訟の改革から行政の改革の段階へ ●

今後の行政法改革は、今までは行政訴訟制度の改革だったんだけれど、これからは行政の改革になる。次の段階に入るんだろうと思うんです。そのためには幾つかのこ

とをやっていかなければいけないんです。戦後新しい憲法ができたけれども、日本の官僚機構というのは、明治以来絶大な権限を事実上行使してきて、国の基本的な政策なり行政なりを動かしてきたということは紛れもない事実です。そこをいかに民主的な統制下においていくのか。そういう意味で言うと、国家の権力構造の一番基本の力学を変えていくことを、これからやっていかなければいけないということだろうと理解をしています。

　そのためには一体何が必要なのかということですけれども、先ほど会計検査院のことを申し上げましたけれども、そういう本来ならばチェック機能を果たすべき機関が、これまではあまり機能していなかった。きちっと活性化させて、機能させて、国民の代理人として動いてくれるような実態をつくっていくということが重要ですけれども、そのためには、制度的なものもやはり変えていかなければいけないということだろうと思います。

　私がぜひこれは必要だろうと思うのは、小早川さんが「行政法通則」というふうにお書きになりましたけれども、私は「行政基本法」みたいなことを考えてはどうかと思うんです。例えば、裁量のことを言っておられますけれども、行政立法にしても、行政計画にしても、やはり手続をきちっと踏んでつくっていくことが必要ではないかという気がします。

● 成田における行政の失敗 ●

　私は以前、成田空港の駐在記者を3年ほどやったことがあります。成田で見た姿は、いかに行政が失敗をしたかという負の歴史そのものなんです。何の前触れもなしに、ある日突然「ここに空港つくるから、おまえら出ていけ」と言ったわけですね。なぜそこにつくろうとしたかというと、それは開拓農民だから、金さえ出せばすぐ出ていくだろうというふうに役人は思ったわけです。しかし現実は、開拓農民のほうが土地に対する執着というんですか、愛着がとても強い。自分でほんとうに死ぬ思いをして耕した土地だったわけですから。一番最初に、先祖代々から農地をもらった人たちはすぐ出ていったんですけれども、最後まで残ったのは開拓農民だったんですね。

　そういう役人の想像力のなさが大失敗の第一歩です。その結果どうなったかというと、40年目にしてまだ解決していないわけです。あれを2年、3年、きちっと事前に前広にいろいろな計画も示し、いろいろ議論もし、そこに例えば2年、3年、あるいは5年かかったとしても、工事が始まってしまえば全部進んでいく。それでもどうしてもだめな人は、民主主義の手続として土地収用法を使えばいいということになるわけですけれども、それがもう全く逆転しているわけです。これを教訓に考えますと、大規模な事業

を進めるには、住民、関係者の関与を義務付けるといった、行政の進め方の基本的な枠組み・ルールみたいなものをつくっていく、そういったことも必要かなという気がします。

▶斎藤　ありがとうございました。

進行について一定の構想があったんですけど、あと30分しか時間がなく、もうそんなこと言ってられません。質問が適切に来ております。「改正行訴法ができた後も、行政訴訟は増加していないようにも見えます」、「行政訴訟が期待どおりに活性化していないのであれば、その原因は何か」。大きな話ですけど、安念さんは「当たり前じゃないか」とおっしゃると思いますが、少し違った角度でご発言いただくことにして、阿部さん、安念さん、そして若林さんにも少しお話ししていただきたい。

塩崎議員には、2005年1月28日の提言が非常にすばらしいものですけれども、新内閣のもとでぜひ設置するようにしていただけないだろうかというご質問です。それから、江田・山口両議員には、やはり同じようなことですけど、行政法制度改革のための組織については、どのようなところが適切であるかというご質問。そして、日弁連も出しております国レベルの公金検査訴訟について、議員の方々はどう思われるか、あるいは政党としてはどう思われるかという質問です。

最高裁を変えるのが一番
阿部教授

● **裁判官はもっと当事者の主張に耳を傾けて!!** ●

今回の改正は極めて中途半端で、行政と国民の間を対等にして、違法をきちんと是正させるという視点がないのだから、訴えを起こすほうは大変です。私は過激派扱いされていますが、それはこれまでの制度の中にどっぷりつかって、疑問を持たない人から見ればであって、民の立場になって、法治国家と権利救済の実効性を確保してほしいという立場から見れば、これまでのシーラカンスのように古色蒼然とした理論をさっさと放棄しないのは、任務懈怠だと思う。

当事者が訴えを提起・続行するのにどんな苦労をしているのか。それを考えたら、訴訟がそんなに増えるはずがない。立法するときは、解釈の混乱をなくして、できるだけ合理的で明確なルールをつくり、少ない負担で違法行政を是正できるようにしなければいけなかったんです。

今回の改正でちょっとましになるかなと思ったのは、執行停止の要件が「回復困難

な損害」から「重大な損害」に変わったことです。仮の救済がポイントですから、これで少しやりやすくなるかなと思っています。しかし、君が代訴訟を応援したら、裁判所は相変わらず「回復の困難な損害がない」に近い決定を出すのです。条文が変わったとちゃんと書いているのに読んでないんじゃなかろうか。それとも、阿部の説明が下手だったのか。

　僕は神戸市で住民訴訟をたくさん代理しているけど、裁判官はひど過ぎる。だから、訴訟が増えるわけがない。勝つはずと思ったら、裁判官は「違法はない」と言った。その理由が、神戸空港の外に、許可を得ずに、飛行機がお客を乗せて通るところを造り、民間に分譲しても、それは、神戸空港の告示区域内でないから許される、と言う。しかし、それは神戸空港の滑走路を使うので、神戸空港と一体的に利用します。それは神戸空港の誘導路、エプロン（駐機場）の増設として、航空法上許可を要する制度の脱法行為です。飛行場の外に飛行機が走るところを造ることが適法であるとは聞いたことがない。要するに、飲食店の許可をとって、その隣りにもう1つ調理場を造って食事を運んでも追加の許可は要らないというのと一緒なんですね（中大法学新報112巻11・12号に「ひよこ弁護士闘争記——神戸空港編」として近刊予定）。

　裁判官は、被告のほうには、ちょっと疑問があると、全部釈明しています。それで、こちらのほうには全然釈明してくれない。大阪市の職員厚遇（私見では、公金横領です）と同じ問題をやっています。神戸市では職員がみんな、25年、35年勤めると5万円とか10万円ずつもらって遊びに行ける。これは民間と違って、給与条例主義違反で違法だと主張したら、裁判所は、根拠となる行政実例はないか探してこいと神戸市に釈明した。神戸市が、やっと1つ昭和31年の自治省回答を見つけてきた。僕は7つ、8つ、行政実例判例を探して、神戸市は間違ってると指摘したら、今度は過失がないかと神戸市に釈明した。それでこの次は、損害の範囲はこれでいいんでしょうかとまた聞くんです。被告が認めている金額についてまで釈明してる。これでは裁判が長引く。裁判所は、法律論は自分では開発できなくてもいい。理解力を持って頂き、常識論と、ごく簡単な論理を知ってほしい。裁判所は、原告住民のために釈明してほしい。税金で訴訟をやっている方には釈明の必要はないはずです。住民からいえば、住民の公金を違法に横領され、さらにそれを指摘する裁判に公金を使われる。二重の被害に遭っているのです（しかも、この訴訟ではこの損害論で一部敗訴させられたので附帯控訴中である）。

　京都大学井上教授事件を応援しています（阿部泰隆『京都大学　井上教授事件』〔信山社、2004年〕）。大学教員任期制等法ができたばかりで、任期なし教授に応募

したら、発令が、当初予定の4月1日から5月1日に延ばされ、その間に急遽任期制の規程ができ、井上教授のポストだけが任期制となった。そして、4月20日に明日の会議に要るから急いで同意書を書いてくれ、普通にやっていれば再任されると説明されて、同意書を書いたら、再任審査で、全く恣意的に拒否された。しかし、裁判所は助けない（京都地裁平成16年3月31日）。その後の大阪高裁（平成17年12月28日、平成18年1月26日）も同じです。論点は2つあります。書面の同意の解釈では、裁判所は、書面があると、それだけ見て、もともと任期制ではなく、どたばたとだまし討ち的に取られたものだということを考慮していない。消費者保護や敷き引き（最高裁平成17年12月16日第二小法廷判決〔最高裁HPに掲載〕）などであれば、こんなはずではなかったというのは保護されているはずなのですが。再任拒否の方では、任期制法では任期が来たら、失職だというのですが、単に任期が来たのではなく、再任審査ルールをつくって、それに従って再任拒否したはずですから、この再任審査ルールは、法的なものであり、それに違反して、「失職」に追い込むのは処分だということにならないといけません。任期制法のほかに、それを補充する京大内規を総合的に見ていくべきなのです。しかし、裁判所は、再任審査ルールは国家に対する義務であって、守らなくても違法ではないと堂々というのです。しかも、理由もなしに。これでは、大学は、治外法権、無法地帯になります。

　これがまかり通ると、大学では任期制を導入し、多数派に従わない者を追放する権限を持つので、多数派迎合社会、沈黙社会になり、まさに「大学の死」が生じますね。これを防ぐのは司法権しかないのに、いくら主張しても、問題意識も持ってもらえない。こんな判事こそ「再任拒否」すべきで、いずれ再任審査委員会に通知したいと思うくらいです。

　最高裁も、最近は在外邦人投票で立派な判決を出したけど。

　言うと切りがないけど、徳州会事件は、医療機関が多くなると保険がかかり過ぎるからだめと言って、保険医療機関の指定を拒否した事件ですが、病院が増え過ぎるというのが「保険医療機関として著しく不適当」だと言うんです（最高裁平成17年9月8日第一小法廷判決）。その根拠は、厚生省が事件後に策略で入れた「医療保険運営の効率化」というだけの条文（1条の2）です。こんな、わけのわからない条文で、病院が増えちゃうというだけで、不正をやった病院と同じとされるのですから、およそ法治行政も何もあったもんじゃない。

　最高裁を変えるのが一番です。今の最高裁判事の任命の仕方は憲法違反であると思う。司法改革といいながら、肝心の点をごまかされた。最高裁判事は内閣がちゃん

と選ぶはずなのに、最高裁長官に白紙委任してしまって丸投げして、大体そのとおりやっています。それではおよそ三権分立じゃない。内閣には任命の説明責任があるのだから、アメリカみたいに、国民の前でどっちがいいか説明して、議論するべきです。しかも、裁判所法でも法律の「見識があって」となってるんだから、ほんとうに見識があるかどうかも、ちゃんと国会で審議するというぐらいのことでないと、全然だめです。前歴が偉かったなどというだけでは、見識は保証されません。任命されてからしっかりやりますなんていう、ふざけた話じゃなくて、過去に立派なことを言って行っていた人かどうか、これをちゃんと審査しないとだめなんです。最高裁がよくなったら、全部よくなる。大体、長いこと、事務総局やって高裁長官やった人が最高裁判事に行くのは全部間違いです。裁判をやっていないのですから。検事や行政官も一方の立場ですから、疑問符が付きます。高裁の裁判長とか地裁の裁判長で優秀な人が最高裁へ上がるべきだと思う。

● **行政基本法について** ●

　ほかの人の話でちょっと言いたいことがあるけど、行政基本法なんていうのは、つくらないほうがいいと思う。どういうものを盛り込むかについて、ちゃんと議論して、ちゃんとしたものができてからやらなきゃいけない。何もできないうちにやると、今みたいに、行政と国民の関係は支配関係である、権力関係であるなんて理論が入っちゃったりするかもしれませんね。第1次判断権なんて変なのが入っては冗談じゃないので、ちゃんと理論がまともにできてから、行政基本法をつくらないといけない。

　義務づけ訴訟は使いにくい条文ですね。ものすごく制限してしまっている。義務づけを導入しましたけど、代理人に余分な負担を負わせて、ほとんど使うなっていう条文ですね。仮命令もそうです。普通の事件は、安念さんがいつも言われているように、不利益処分を食らって、執行停止を求めてというやつだから、そういうときは役所の裁量で逃げられないように、裁判所は、被告に説明させ、きちんと説明できなかったら、どんどん取り消して、やり直させると。法律が不備だったら、国会で法律を改正するというふうにすればいいのに、裁判所は何とかこれを維持しようという発想なんですね。その発想を変えさせる条文をつくらなければいけなかったのです。裁量についてさっきお話ししましたが、裁量なんていうのはないんだと。概念を廃止することから始まろうということを申し上げたわけです。

行政訴訟はなぜ増えないのか　　　　　　　　　　　安念教授

　訴訟が増えればいいというものでもないと思うんですけども、改正行訴法は施行されてまだ半年ですから、評価するにはちょっと早過ぎるでしょう。私は別に、「行政訴訟が全然役に立たない」と言ったわけじゃないんです。「ほとんど役に立たない」と言っただけで、マージナルには役に立つ。だから、今回の改正も、しなかったのに比べれば、マージナルによかったという立場でございます。

　行政訴訟は、そんなには増えませんよ。第一、行政の手続や訴訟にあまり知識のない人、ということは日本人の大部分を占める人は、うろたえているうちに60日くらいたちますでしょう。不服の件数が多い租税や社会保障の分野では、実際には行訴法8条の原則とは違って、ほとんど不服申立前置になっておりますよね。そして、不服申立ての期間は、大体60日でしょう。一方、知識のある人というのは結局企業ですが、企業は監督官庁に逆らえません。江戸の仇を長崎で討たれますからね。ここで頑張ると、別のところで絶対意地悪される。省庁改編で省庁の規模が大きくなりましたから、いまでは、江戸の仇を香港あたりでとられてしまう。ですから、知識のない人は、うろたえてるうちに、訴訟ができなくなる。知識のある人は、江戸の仇を長崎で打たれるのが怖いから、できない。これじゃ、行訴法を変えたってマージナルな変化しか生じないと思います。

弁護士は行政訴訟の勉強を　　　　　　　　　　　若林解説委員

　裁判官というのは、僕の知る限り、最も世間を気にする人種なんですね。あの人たちほど克明に新聞を見たり、テレビを見てる人はいません。自分たちが今ひょっとしたら、変なところに、迷路に迷い込んでしまっているのではないかということは、多分普通の裁判官だったら感じてると思うんです。最高裁を見てみると、要するに世の中が変わったんだと。あのような判決も出るような時代だよということを、現場の裁判官に注意喚起をし、そしてきちっと訴状に載るような事件を持っていけるかどうかということが、ほんとうに実態を変えていくかどうかの力だと私は思っています。

　そのためには弁護士さんは、ここに来ていらっしゃる以外の弁護士さんのことですけれども、はっきりいって不勉強だと思うんです。行政訴訟法はあまり関係ないよということで、ほとんど知らないで、勉強もしない。使おうという努力もしない。そういう弁護士さんが大半だとすると、日弁連としては、そういった弁護士さんをどのように組織化して、

注意を喚起して、実務を動かしていくか。ここをやらないと、阿部さんがおっしゃるような結果になる可能性が大いにあると思います。けれどもそれをやれば、ほんとうに変わってくると思うんです。要は、事実をどうつくっていくか。そして、それでもだめだったら、こんなにだめなんだから、やっぱりもっと法を変えようということで、立法事実をつくるための努力をぜひやっていただきたいなという気がします。

▶斎藤　では、２つの項目を、順番に塩崎議員のほうからお願いいたします。

国家と国民のために制度と法律を作る人を集める

塩崎衆議院議員

● 行政法制度改革推進本部の設置は可能か ●

　行政法制度改革推進本部みたいなものをちゃんとつくれというご指摘かと思います。実は、この提言は既に前の官房長官の細田さんのところに持っていきまして、話をしっかり聞いていただいています。その後、官房長官の命を受けて、役所から、１、２回、どういうふうに進めるべきかということで、私どものほうにもサウンディングがありましたが、間もなく総選挙になってしまったこともあって、立ち消えになっております。

　今の安倍官房長官とは、私は同期の間柄です。多分、安倍さんはこんな話は全く聞いたこともないと思うので、もう１回、きちっと説明をした上で、進められるようにしたいと思います。けれども、さっき申し上げたように、一たん法律を通すと、役人は「様子を見よう」と言うんですね。ほとんどの国会議員は、「まあ、それはそうだな」と思うはずです。去年つくった法律を今年直すということはめったにないことで、かつて大蔵省が翌年に再び出したSPC法というのが珍しいケースです。我々もオール霞ケ関を敵に回さない、つまり、霞ケ関のお役人が族議員の所に走っていって、「塩崎たちがとんでもないことやってるぞ。つぶしてほしい」と言う手前ぐらいまででとめていたものですから、「不十分だ」という話になっているので、そこは我々は百も承知なのです。その点、いろいろご批判もあろうかと思いますけれども、ほんとうに皆さんに満足していただけるようなものは、皆さんからもそれなりのサポートをいただかないとできないんです。

　国会議員というのは、いろいろ言ったところで、選挙という民主主義のプロセスを経て国会に出てきているのです。その国会でなければ立法はできないわけですから、議論でいろいろおっしゃっているようなことを実現するには、賛成が過半数になるように持っていかないといけないし、そのためには国民的な運動にしていかないといけん

だろうと私は思うんです。

　ほうっておけば、多分、閣法といって、内閣が提出する法律として出てくるんだろうと思うんですが、そうなれば、当然、政治家を巻き込んでの政府部内での大論争になるわけですね。

● 改革の前提としての公務員制度改革の重要性 ●

　改革を行うときにに何が大事かというと、最も重要なのはやはり公務員制度改革です。つまり、公務員も人間ですから、みんな自分と家族の幸せを考えるわけです。そのため、やはり自分の将来のことや、天下りとかをいろいろ考えた上で法律をつくろうというふうになってしまうはずなのです。

　そこで、公務員の人達と民間との間のモビリティーを高めることが必要です。その上で、組織は「左だ」と言っているときに「やはり国家のためには右に行くべきですよ」と言えるような公務員制度改革をしてあげないと、この国は変わらないのではないかと私は思っています。

　ですから、今回いろいろ人件費を減らすとか、公務員の数を減らすとか言ってますけれども、ほんとうに大事なのは、さっきの業務の見直しとともに今申し上げた公務員制度改革を断行することで、私は「出入り自由の公務員」と言っているんです。イギリスなんかは、嫌だったら民間に行く。オーストラリアでは、アメリカみたいなリボルビング・ドアほどではないにしても、空きポストは全部1冊の冊子の中にオープンにされ、官の中からでもいいし、民からでも来られるし、逆もいいということになっています。そういうような公務員制度改革をしない限りは、内閣、つまり役人は行政優位のままでいこうという法律を、相変わらずつくり続け、そうじゃない法律をつくってくるということは、あり得ないのではないかと思います。

　マスコミは、天下りを徹底的にたたいていますが、私は横滑りだったらいいんじゃないかと言っているんです。能力があるから、官が横に滑る。逆に、民間からも官に来る。今やっているのは、大体道路公団などを見ていても、官と接触することができる人間を天下りとしてもらって使う。橋梁をつくるのが得意だから来てるわけではなくて、役人と話がつけられる人をもらってるから役立っているんですね。人間の行動原理というのは多分みんな同じですから。自分が幸せになりたい、家族の幸せな顔を見たいという感覚を基本に据えながら、それでも国家、国民のための制度と法律をつくれる人間を集めてくる、そしてそういう法律をつくる。そうしない限りは、いくら皆さんが批判しても何も変わらない。それで一緒にマグマをつくっていただければありがたいなと思います。

行政優位を前提としない行政法体系を　　江田参議院議員

● リアルタイム公開の議論で改革の継続を ●

　なるべくテーマだけに絞りたいと思っております。行政事件訴訟法の第2弾の改革をどういう組織で進めるかというのが第1のテーマで、これは今の自民党の内閣に対する申し入れはすばらしいというお話がございましたが、そういう方法もあると思います。それができれば大変結構だと思います。ただ、つくっただけではやはりだめです。例えば司法制度改革審議会の意見書がなかなかのものになったとか、あるいは、例の行刑改革会議の意見書がかなり踏み込んだものになってきていると思いますが、そこで一番のポイントは、やはりリアルタイム公開だったと思うのです。ぜひリアルタイム公開で議論をしていきたいと思います。

　それよりも、もう検討会が一定の方向を出しているわけですから、せめてその方向のうち、まだ実現できてない部分ぐらいは、さっさとやらなければいけないと思っています。今さら内閣に新たな機関をつくらないとできないものではないと思います。そして公金検査訴訟ですか、住民訴訟の国版ですが、これも当然積極的につくっていく方向で努力したいと思っています。

● 裁判官に期待する ●

　ただ、こういう制度改革ができたら、それですぐに行政事件訴訟がほんとうに、国民主権の立場からきっちり司法による行政のチェックをできるようになるかどうか。これはやはり、裁判官によるところがかなりあるんだろうと思います。例えば、去年改正した行政事件訴訟法の中に、抗告訴訟の管轄裁判所の拡大というのがありますね。これは、国を被告とする抗告訴訟を、原告住所地を管轄する高等裁判所所在地の地方裁判所に訴えることができると。つまり、例えば静岡に住んでいる人は名古屋の地裁に提起できるという話ですね。こんなもの、理屈で言うと、全然おかしいわけですよね。しかしおそらく、我々が賛成するときにつけた理屈は、従来の管轄法の頭をとっぱらおうと。そして、司法のサービスもやはり限られた社会的資源だから、それを最も有効に使えるようにするには、静岡であろうが、岐阜であろうが、長野であろうが、金沢であろうが、そういう地方裁判所に全部、行政事件訴訟をきっちり審理できる裁判官を適正に配置するのがなかなか難しいとすれば、名古屋地裁にそれだけのものをちゃんと置くということも考えていけばいいじゃないかというような理屈をつけて賛成したんです。理論的には、管轄法は、これだけでガラッと変わる。

こういう立法の、個別の仕組みを捉えて活用すれば、抗告訴訟という訴訟の類型であっても、行政の優越的地位というものを前提にしない行政法体系を裁判所がつくり出していくことは、私は可能だと思います。行政法総論は実定法としては存在しないのですから。ぜひそんなことを裁判官に、はかない期待をかけていきたいと思っております。

再び機運を盛り上げる　　　　　　　　　　　　　　　山口参議院議員

　もう時間も経過しておりますので、簡単に申し上げますけれども、内閣に新しい検討会議をつくって議論を継続していくというのは簡単ではないと思います。やはり、マグマというお話もありましたけれども、気運が一たんしぼんでしまうと、それをまた再び盛り上げるというのは非常に困難な課題だと思います。司法の関係には、必ずしも国会議員並びに国民の皆さんが強い関心をいつも抱いているとは限りません。

　しかし、その手がかりはありまして、1つはこの裁判員制度が今後時間をかけて制度化されていくというところで、国民の関心を引きつけるということがあります。それから司法ネット、これもせっかくつくった制度ですが、これがどう活かされていくかというところで、それを評価するというときも必ず来ると思います。そのときに合わせて、再び気運を盛り上げて立法の契機にするというのが考えられると思います。

　あとは、個々の課題について、社会に問題提起をする。例えば、無理すじでもいいから訴訟を起こして、これが達せられないから、こうやって救済されない人たちが大勢いるとか、これは非常にゆゆしき問題であると、そういう問題提起をして関心を高めていくというのも1つだろうと思います。

　あとはもう地道に、個々の検討課題を、例えば法務大臣のもとで専門家のチームをつくって精緻な議論を重ねていく。で、しかるべき成果を得たところで立法化するというのもオーソドックスな道であろうかと思います。私個人としては、党の中でも、ぜひともこの検討の土俵というものを必ずつくれということを訴え続けていきたいということを申し上げて、お話とさせていただきます。ありがとうございました。

▶**斎藤**　江田議員、手が挙がっていますが、一言。

▶**江田**　簡単にひとこと。さっき、ハンセン病の話がちょっと出ていました。ハンセン病補償法が欠陥立法だという見方が一部にあります。これは私も立法にかかわったんですが、そうではなくて、告示のつくり方が間違っているか、告示の適用の仕方が間違っ

ている。立法はあの段階で、あまねく救済をするという精神のもとにつくっているんで、行政のほうがもっとしっかりしてほしいし、それをチェックする裁判所ももっとしっかりしてほしいと、最後につけ加えておきます。説明は省きます。

▶斎藤　ありがとうございます。ずっと、大変豪華なパネリストにしゃべっていただきましたので、最初にご講演いただきました小早川さんに、感想を5分ほど、ご発言いただいたらどうかと思うんですが、いかがでしょうか。

使える行政法を　　　　　　　　　　　　　　　　　　　小早川教授

　感想というよりは、私が最初に申し上げて、今の皆さんの話を聞いていて、自分でもそこが言い足りなかったなというところに、いただいた時間を使わせていただきます。
　1つは不服審査制度の関係で、どなたかちょっとおっしゃった、重要な処分については大体、実は例外のはずの不服審査前置が適用されているというのは、私もそういう感じを持っています。これは検討会でも大分議論しようと思ったんですが、司法制度改革推進本部の管轄ではないという話で、また別だと。ところが、これが総務省へ行くと、行審法の所管官庁のはずなんですが、「不服審査前置は違いますよ」という話なんです。だから結局、個別各省を全部撃破するしかない。今のところはそうなんですが、でもやっぱり、あれはおかしいので、何か一挙に洗い直して、原則として廃止するというような手立てをどなたか考えていただきたいという気がしています。
　この点については、決して行政訴訟の機能にあきらめをつけているわけではありません。不服審査だったら、ますます安念さんは「そんなもの当てにするほうがおかしいよ」と言われるかもしれません。いずれにしても、私はそんな過大な期待を抱いているわけではありませんけど、さっき言いましたように、不服審査は不服審査で、訴訟と違う組織の工夫をすれば、また別な味もつくかもしれない、とにかく何か多元的にあったほうが、この際いいのかなと。
　隣の国の韓国が、行政法の議論が実務的に非常に活発になっているのは、通常裁判所があり、憲法裁判所に憲法訴願ないし憲法抗告というのがあり、もう1つは国務総理不服審判委員会、これはいわば日本の不服審査の統一型みたいなものですが、その3つのルートがお互いに競争し合って、いかに顧客を獲得するかということで間口を広げる競争をして、救済もどれだけの救済を与えるかという競争をする結果、システムが全体として活性化している、そういう印象を持っています。

だから、あんまり緻密に、最善の制度を考えて、これが最善だからこれでやれというのは日本の昔からのあれかもしれませんけれども、いろいろやってみたほうがいいのかなというのが1つ。そのためにも、不服審査前置というのはやめて、ほんとうにメリットで競争できるような、そういうシステムにしてはどうかということです。

　それからもう1つは、私が通則法云々ということを言いまして、後でも話題になりました。私自身も今の行政法理論、行政法の一般的解釈論がそんなに成熟しているとは思わないんで、直ちにどの説かを公定化しようとしたら、これは血を見る争いになるだろうと思います。ただ、私が言ったのは、学者の争いをそのまま続けているのではなくて、すべての国民に使いやすい、日弁連は「使える行政訴訟を」と言っておられましたが、「使える行政法を」ということを、あまり学者の議論にとらわれずに、実務家の方の知恵も十分拝借して、率直で実りある議論を進めていきたいなという気もあって、すぐにできるとは思わないけれども、そういうものも1つ頭に置いてはどうかということです。

　これは、今お話しになっている、差し当たりの行政法制度改革のための、例えば推進本部というような問題と、時間的にはちょっとずれると思うんですね。今すぐ何をやるかということと、それから、少し時間をかけてどういう方向で議論をしていくかということ。ただ、それを両方組み合わせて、うまく組み合わされば、さらに意味のある流れができるかなという気もしています。

● おわりに ●

　▶斎藤　きょうは、お忙しいところ、一線の方々に来ていただきまして、非常につたないコーディネートで申しわけありませんでしたが、パネルディスカッションはこれで終わらせていただきます。

　きょう、アンケートを事前にさせていただいたのを見ますと、「改正が必要だと思うか」というのに「強くそう思う」というのが、参加していただいた方の中では圧倒的に多いんですけど、その中ではトップ3が裁量統制と納税者訴訟と団体訴訟というふうになっております。あとはずっとばらけておりますけれども、皆さんの関心が伺えるところでございます。

　今後とも、ご参加の皆さん方におかれましては、第2次の行政法改革について、非常に厳しい状況ではあろうと思いますけれども、国会議員の方々が言っていただいたような方向で必ず火をつけて、もう一度新たな改革をというふうに日弁連としては考えておりますので、ご協力、ご支援をよろしくお願いいたしまして、ごあいさつといたします。ありがとうございました。

資料

資料1

司法制度改革審議会意見書（抜粋）
「司法の行政に対するチェック機能の強化」

（2001〔平成13〕年6月12日、司法制度改革審議会）

9. 司法の行政に対するチェック機能の強化

> 行政事件訴訟法の見直しを含めた行政に対する司法審査の在り方に関して「法の支配」の基本理念の下に、司法及び行政の役割を見据えた総合的多角的な検討を行う必要がある。政府において、本格的な検討を早急に開始すべきである。

(1) 行政訴訟制度の見直しの必要性

裁判所は、統治構造の中で三権の一翼を担い、司法権の行使を通じて、抑制・均衡システムの中で行政作用をチェックすることにより、国民の権利・自由の保障を実現するという重要な役割を有している。

しかしながら、当審議会の議論の中で、現行の行政訴訟制度に関しては、次のような指摘があった。すなわち、(i)現行の行政訴訟制度に内在している問題点として、行政庁に対する信頼と司法権の限界性の認識を基礎とした行政庁の優越的地位（政策的判断への司法の不介入、行政庁の第一次判断権の尊重、取消訴訟中心主義等）が認められており、その帰結として、抗告訴訟が制度本来の機能を十分に果たしえていない、(ii)現行の行政訴訟制度では対応が困難な新たな問題点として、行政需要の増大と行政作用の多様化に伴い、伝統的な取消訴訟の枠組みでは必ずしも対処しきれないタイプの紛争（行政計画の取消訴訟等）が出現し、これらに対する実体法及び手続法それぞれのレベルでの手当が必要である、(iii)行政事件の専門性に対応した裁判所の体制に関する問題点もある。

21世紀の我が国社会においては司法の果たすべき役割が一層重要となることを踏まえると、司法の行政に対するチェック機能を強化する方向で行政訴訟制度を見直すことは不可欠である。

このような認識に基づき、行政訴訟制度の見直しに関する当審議会における議論の中で挙げられた具体的な課題は多岐にわたった。

まず、行政訴訟手続に関する諸課題である。例えば、現行の行政事件訴訟法上の個別課題として、原告適格、処分性、訴えの利益、出訴期間、管轄、執行不停止原則等のほか、義務付け訴訟、予防的不作為訴訟、行政立法取消訴訟等の新たな訴訟類型の導入の可否も問題となる。

さらに、民事訴訟をモデルとした対応とは一線を画した固有の「行政訴訟法（仮称）」制定の要否も視野に入れることが考えられる。このほか、個別法上の課題（不服審査前置主義、処分性、原告適格等）の整理・検討も併せて必要となろう。

　また、行政訴訟の基盤整備上の諸課題への対応も重要である。例えば、行政訴訟に対応するための専門的裁判機関（行政裁判所ないし行政事件専門部、巡回裁判所等）の整備、行政事件を取り扱う法曹（裁判官・弁護士）の専門性の強化方策等について、本格的な検討が必要である。また、法科大学院における行政法教育の充実も求められる。

(2)　司法及び行政の役割を見据えた総合的多角的な検討

　この問題に関する具体的な解決策の検討は、事柄の性質上、司法制度改革の視点と行政改革の動向との整合性を確保しつつ行うことが不可欠であり、また、行政手続法、情報公開法、行政不服審査法等の関連諸法制との関係、国家賠償制度との適切な役割分担等に十分留意する必要がある。さらに、行政委員会の準司法的機能の充実との関係にも配慮しなければならない。そもそも、司法による行政審査の在り方を考えるには、統治構造の中における行政及び司法の役割・機能とその限界、さらには、三権相互の関係を十分に吟味することが不可欠である。国民の権利救済を実効化する見地から、行政作用のチェック機能の在り方とその強化のための方策に関しては、行政過程全体を見通しながら「法の支配」の基本理念の下に、司法と行政それぞれの、役割を見据えた総合的多角的な検討が求められるゆえんである。政府においては、行政事件訴訟法の見直しを含めた行政に対する司法審査の在り方に関して、本格的な検討を早急に開始すべきである。

資料2

行政諸法制の抜本的再検討と継続的監視・改善のための恒常的改革機関の設置に関する提言

（2004〔平成16〕年9月16日、日本弁護士連合会）

2004年9月16日
日本弁護士連合会

行政諸法制の抜本的再検討と継続的監視・改善のための恒常的改革機関の設置に関する提言

提言の趣旨

　日本弁護士連合会は、今回の行政訴訟制度の改革を基盤とし、これを一層推し進めるため、

①行政訴訟制度の更なる改革、②行政手続・不服審査の改革、③個別行政実体法の改革をめざして、わが国の行政諸法及びその運用を抜本的に再検討するとともに、その後も継続的な監視と改善を行うことを担う恒常的改革機関（仮称「行政諸法制改革会議」）を内閣に設置することを提言します。

提言の理由

1.　行政事件訴訟法の改正と附帯決議

　平成16年6月、司法制度改革の一環として、行政事件訴訟法が42年ぶりに改正された。これにより、長らく機能不全に陥っていた行政訴訟制度の改善が期待されているが、今次改正は時間的制約のために必要最小限の改革に留まった。

　国会の審議においても、衆議院法務委員会附帯決議5項では、「政府は、個別行政実体法、行政手続及び司法審査に関する改革など行政訴訟制度を実質的に機能させるために必要な改革について、所要の体制の下に、国民の視点に立った改革を継続するよう努めること。」とされ、参議院法務委員会附帯決議6項では、「政府は、適正な行政活動を確保して国民の権利利益を救済する観点から、行政訴訟制度を実質的に機能させるために、個別行政実体法や行政手続、行政による裁判外の紛争解決・権利救済手続も視野に入れつつ、所要の体制の下で、必要な改革を継続すること。」とされており、改革の継続が求められている。

2.　行政法体系全般の改革へ

　今般の改革をより一層推し進めるために、1の附帯決議の示すところに照らし、次のような3つの方向による行政法体系全般の改革が検討されるべきである。

　①　行政訴訟制度の更なる改革

　行政訴訟制度の問題としては、団体訴訟の導入、訴訟対象の拡大、裁量審査のあり方、訴え提起の手数料の合理化、弁護士費用の片面的敗訴者負担制度の導入、和解、納税者訴訟、行政訴訟への参陪審ないし裁判員制度の導入等の多数の課題が残されている。さらに、裁判所における人事制度等を含めた制度運用についても継続的改善がなされねばならない。

　②　行政手続・不服審査の改革

　行政過程における一層の「法の支配」の充実のためには、行政手続における判断の合理化・透明化がいっそう推し進められなければならない。同時に、「行政過程で生じた紛争はなるべく行政過程で解決する」ために、「行政過程における紛争解決機能の充実」が必要である。したがって、行政手続法や行政不服審査法の見直し、行政型ADRの改革ないし行政審判庁の設置、行政審判官制度の導入等の課題についての検討を開始しなければならない。

　③　個別実体法の改革

　複雑高度化した現代の法制度は、不断のメンテナンスを必要としており、立法による裁量統制の強化、参加手続整備等を含む個別行政実体法の見直しが不可欠である。とくに、行政計画に

おける手続のあり方は、関係者からの不服申立との関連で重要である。

3. 恒常的改革機関の設置による抜本的な再検討と継続的な監視・改善

　行政訴訟制度は司法制度を通じた最終チェック手段であり、行政法自体が国民のための法律として立案され、運用され、必要に応じて改善されなければ、21世紀の国民と行政の新たな関係を築くことはできない。

　わが国がこれまで長年にわたり取り組んできた行政改革は、個別行政法自体のあり方、行政手続のあり方及び法運用のあり方について、行政活動の適法性を担保する訴訟制度をも視野に入れつつ、利害関係を有する省庁毎の縦割りではなく、横断的に行政諸法及びその運用を継続的に監視し改善する恒常的な改革機関を設置し、この仕組みによって、抜本的な再検討を行うとともに、以後段階的・漸進的な改善を図っていくことにより、ようやく本来の効果が実現されるものとなる。

　このような「行政諸法制改革会議」は、省庁横断的な性格をもつものとして内閣に置き、有識者、学者、在野法曹、行政官僚から構成されることが相当である。

　よって、当連合会は、行政改革を確実なものとして実現し、21世紀における国民のための行政を作るための制度的出発点として、行政諸法制改革会議を内閣に設置することを提言する。

以上

資料3
行政法改革提言

(2004〔平成16〕年11月8日、公明党)

平成16年11月8日

法務大臣　南野知恵子　殿

公明党　法務部会
部会長　漆原　良夫
公明党　司法制度改革プロジェクト
座長　魚住裕一郎

行政法改革提言

1　司法制度改革の一環として、司法及び行政の役割を見据えた総合的多角的な観点から行われた行政事件訴訟法の改正の成果を踏まえ、「法の支配」及び事後監視型社会への転換を貫徹する観点から、行政に対して、もう一歩踏み込んだチェックができるようにするため、(1)「より実

効的な（事後的）司法審査を可能とするための行政実体規定の抜本的見直し」及び(2)「国民の行政の営みにまつわる「声」をより広く受け止めるための行政手続・体制の整備」を中心とする制度的な見直しを行うことを提言する。

(1) より実効的な司法審査を可能とするための行政実体規定の抜本的見直し
○行政裁量の明確化とその手続のあり方の見直し（行政裁量（裁量権）の「幅」そのものを規律する実体規定の要件の明確化や裁量権を行使する際の手続などの仕組みのあり方の検討など）
○行政計画とそれに関する手続のあり方の見直し（行政計画の認可基準そのものの見直しや計画行政に関する意思決定過程そのものの「透明性の確保」と「早期の利害調整」のための手続の検討など）

(2) 国民の行政の営みにまつわる「声」をより広く受け止めるための行政手続・体制の整備
○行政不服審査・準司法的審査の手続そのもの及びその審査体制のあり方についての見直し
○政省令など抽象規範を審査し、必要な勧告を行う機能を担う機関についての検討
○行政オンブズマン制度など行政上の苦情処理制度の充実の検討

(3) このほか、行政訴訟法の残された検討課題の検討（団体訴訟、救済を求めるについての経済的負担等に関する検討など）

2 この改革を成し遂げるため、我が党は、平成15年8月11月付「行政に対する司法によるチェック機能強化への提言」において、司法制度改革推進本部設置期限経過後ただちに『行政に対する司法によるチェック機能強化に関する審議会』(仮称)の設置を求めて来たものであるが、再度、指呼の間に前期設置期限を迎えるにあたり、内閣に置かれている行政改革推進本部との関係を含めて検討した上、政府を挙げて専門的推進を行いうる体制を早急に整備することを強く要請する。

資料4
行政法制度改革における課題と検討組織について
（2005〔平成17〕年1月28日、自由民主党行政改革推進本部幹事会・司法制度調査会基本法制小委員会)

平成17年1月28日

行政法制度改革における課題と検討組織について

行政改革推進本部幹事会
司法制度調査会基本法制小委員会

一、全体構想
　　政府に行政法制度改革推進本部（新本部）を設置し、以下の3部会を設ける。
　　　第1部会：行政訴訟制度改革部会
　　　第2部会：行政手続改革部会
　　　第3部会：個別法改革部会

二、主な改革課題と検討組織の対応関係
1.　行政訴訟制度の改革
　　①行政立法・行政計画に対する争訟制度の創設
　　②裁量審査の改善
　　③団体訴訟の導入
　　④訴え提起手数料の合理化、弁護士費用の片面的敗訴者負担制度の導入
　　⑤国民訴訟の導入
　　等
2.　行政手続の改革
　　①行政手続法の整備（行政立法手続、行政計画手続、公共事業手続、行政契約手続）
　　②準司法手続の充実・拡大の検討
　　③行政不服審査法の見直し
　　④行政審判庁の設置による不服申立て制度の強化
　　⑤行政型ADRの総点検と充実化
　　等
3.　個別行政実体法の恒常的チェックと改善
　　行政裁量に対する立法統制のあり方の具体的見直し等

三、留意点
　　・各論点は相互に関連する場合が少なくないので、司令塔的な役割を果たす運営会議のようなものが必要である。
　　・改革論議は広く国民に公開するものとし、有識者、在野法曹を含めて多角的な議論ができるような合議体の組織を作り、人選に配慮すべきである。
　　・事務局には、法務省、最高裁、日弁連からの任命のほか、経済団体、行政法研究者などからも、常勤、非常勤を含め推進体制を整備する。

資料5

公金検査請求訴訟制度の提言

(2005〔平成17〕年6月16日、日本弁護士連合会)

公金検査請求訴訟制度の提言

2005年6月16日
日本弁護士連合会

　地方自治法においては、普通地方公共団体の住民が、その財務行為の違法性をチェックし、損害を回復する訴訟として「住民訴訟」が認められている。

　住民訴訟は、地方自治法に規定された客観訴訟であり、住民であれば、誰でも、普通地方公共団体における違法な財務行為について、その差止め、損害賠償請求・不当利得返還請求訴訟などを提起することができる。

　公共事業談合、官官接待、不正裏金、不正補助金、不正手当など多くの事案で、住民の訴えに基づいて、裁判所が違法行為を認定し、その結果、普通地方公共団体の損害が回復、防止され、さらに普通地方公共団体の行政における財務行為のあり方が是正、改革されてきた。

　ところが、普通地方公共団体以上に多額の税金が支出されている国については、違法な財務行為が明らかになっても、国民がこれを正す訴訟は認められておらず、そのため、たとえば、公共事業談合が発覚しても、国の損害は放置される事態となっている。このような事態は普通地方公共団体と比べて明らかに正義に反するものである。国における財務行為の適法性の確保は国民にとってきわめて重要であり、法治主義、財政民主主義の観点から、そして司法による行政の適法性確保の必要性の観点から、当連合会では、司法制度改革推進本部の行政訴訟検討会（第4回）などにおいて、国レベルでの住民訴訟制度の創設を求めてきたところである。

　今回当連合会では国レベルでの住民訴訟制度として公金検査請求訴訟法案（国民訴訟法案）を提案するものである。

【制度概要】

　住民監査請求、住民訴訟制度と基本的には同様の制度とし、住民監査請求は普通地方公共団体の監査委員に対して行うものであるが、国版の監査請求制度（「公金検査請求制度」）では、会計検査院に対して監査を請求するものとした。

　すなわち、国民は、会計検査院に対し、国の財務行為について、これを特定し、その違法性、損害を指摘して検査を行うよう求めることができるものとし、会計検査院は、検査を行った結果、違法な財務行為があると判断した場合には、関係者に対し、損害回復等の必要な措置を勧告するものとする。

国民からの検査請求に対して、会計検査院が勧告措置を取らない場合、あるいはその勧告措置が十分なものではないとして納得できない場合には、国などを被告として必要な措置を取るよう請求する訴訟を提起することができる制度である。

資料6
行政法制度に関する第二次改革の要望書
〔2005〔平成17〕年10月18日、日本弁護士連合会〕

行政法制度に関する第二次改革の要望書

平成 17 年 10 月 18 日
日 本 弁 護 士 連 合 会

　行政主導の社会の仕組みは、経済を量的に拡大することが最大の目標であった時代には有効性を持ちましたが、我が国が世界有数の豊かな国になり、国民の価値観が多様化した今日、綻びは明らかとなりました。

　そのような時代の司法の役割について、政府のもとにおかれた司法制度改革審議会の意見書（平成 13 年 6 月）は、事前規制型から事後審査型への行政スタイルの転換していく中にあって、行政改革・規制改革とならんで、誤った行政活動を是正する行政訴訟制度が大きな役割をもつことを指摘しました。意見書が指摘するように、これまでの行政訴訟制度は、国民の救済手段として不十分であり、かつ行政に対するチェックという機能も果たしてきませんでした。

　そこで、上記意見書を受けた司法制度改革推進本部のもとで、行政訴訟制度の改革が検討され、行政事件訴訟法が改正されるとともに、平成 16 年 10 月に積み残し課題に関する検討結果「行政訴訟検討会最終まとめ—検討の経過と結果」が発表されました。

　今般の行政訴訟改革は、行政事件訴訟法の一部改正により、司法の行政に対するチェック機能の強化を部分的に実現するものでありました。しかし、上記意見書が述べた包括的な改革項目からしますと、なお積み残した課題は数多くにのぼっています。

　その中の主要課題は、裁量統制の改革、行政計画・行政立法の争訟手続の整備、客観訴訟の充実（団体訴訟、納税者訴訟の創設）で、これらが第二次改革の主要課題であります。なお、行政手続法の行政立法に関する規定が改正され、平成 17 年 6 月 29 日に公布されましたが、第二次改革の必要性は全く減じておりません。そして、司法の行政に対するチェック機能を強化するためには、行政訴訟制度、行政手続の改革にあわせて、個別実体法を含めた改革も不可欠です。

　そこで、当連合会は、第二次改革をすみやかにかつ十分な検討をもって準備するため、内閣

に行政法制度改革審議会（仮称）を設置することを要望致します。

　改革議論は広く国民に公開するものとし、有識者、在野法曹を含めて多角的議論ができるような審議会とし、委員の人選には十分な配慮をすべきです。事務局の組織体制は第二次改革を推進するためには重要であり、法務省、最高裁、日弁連からの任命のほか、経済団体、労働団体などから推薦を受けた有識者、及び、行政法研究者などで構成されるものとし、常勤、非常勤を含め、整備された推進体制としなければなりません。

　そして審議会は、3年を目処として答申を出すこととします。

　なお、当連合会としましては、上記主要課題、その他の諸課題について、「行政法制度に関する第二次改革の要綱案」として取り纏めましたので、別紙のとおり添付致します。

添 付

行政法制度に関する第二次改革の要綱案

I．裁量統制の改革

> 　行政の裁量に対する裁判所の審査を充実させるために、行政事件訴訟法第30条の規定を見直し、合理性の基準、比例原則、代替案の検討等の裁量に関する司法審査の基準を法定する。

　今次の行政訴訟改革は、主観訴訟の訴訟要件を緩和することに主眼が置かれていたが、裁量審査に関する直接の手当てはなされていない。しかし、「裁量権の範囲をこえ又はその濫用があった場合に限り」処分を取り消すことができるとする行政事件訴訟法第30条の規定は、具体的内容が何ら明らかではなく、司法による裁量審査の基準は明確となっていない。司法制度改革推進本部事務局の「行政訴訟検討会最終まとめ―検討の経過と結果―」（平成16年10月、以下「検討会最終まとめ」という。）も、行政訴訟改革の主要な積み残し課題の1つに「裁量に関する司法審査」を挙げている。

　そこで、前提となる個別法における処分要件や手続の定め方の改善や、行政手続法の改正・整備とともに、これまでの判例の蓄積や学界の研究実績を踏まえて、合理性の基準、比例原則、代替案の検討等の裁量に関する司法審査の基準を法定すべきである。

II．行政立法・行政計画に対する行政手続・争訟手続の整備

> 　行政立法・行政計画の適法性に対する司法的チェック手段を確立するために、行政事件訴訟法上の抗告訴訟、公法上の当事者訴訟とは別に、行政立法の効力・違法性を直接

> の審理対象とする新たな訴訟制度を創設するとともに、あわせてその前段階の行政手続及びその参加手続・不服申立手続を整備する。

　検討会最終まとめが、行政訴訟改革の積み残し課題のうち主要なものとして、「行政立法の司法審査」及び「行政計画の司法審査」を挙げているように、行政立法及び行政計画に対する司法的チェックは、現行制度（抗告訴訟、公法上の当事者訴訟、国家賠償訴訟）では不十分であり、処分性の認められない行政立法・行政計画についても、その一般性・抽象性・多種多様性に配慮しながら、早期の段階における司法審査を確保することが必要である。

　この点、都市計画について、いわゆる圏央道あきる野IC事業認定・収用裁決取消訴訟第一審判決（東京地判平16年4月22日判時1856号32頁）が、事情判決の適用の可否に関する判断において、事業計画の適否について早期の司法判断を可能にする争訟手段を新設することが是非とも必要であると付言したことは記憶に新しいところである。

　そこで、権力分立の中で司法が果たすべき役割を踏まえつつ、一定の行政立法及び行政計画を直接の訴訟対象とする新たな訴訟制度を、一般法または個別法において創設する必要がある。その際には、他の救済類型との役割分担を考慮しつつ、訴訟対象とすべき範囲、原告適格、訴訟参加、出訴期間の要否、判決効、仮の救済等について更に検討を行う。

III. 団体訴訟制度の創設

> 　消費者団体や環境保護団体が原告となり、拡散的集団的利益を守るための客観訴訟を提起することを認める団体訴訟制度を創設する。

　改正行政事件訴訟法第9条第2項は、原告適格の範囲を実質的に拡大するために考慮事項を規定したが、主観訴訟である抗告訴訟では、特定の個人の利益に必ずしも還元しがたい消費者保護、環境保護、文化財保護などの拡散的集団的利益の司法的救済を図ることができない。検討会最終まとめも団体訴訟を行政訴訟改革の主要な積み残し課題の1つと位置付けている。

　そこで、消費者保護団体や環境保護団体のように公益性を有する団体が公益を擁護するために一定の行政庁の行為の違法を争う訴訟制度を、一般法または個別法において創設する必要がある。その際には、先行している民民間の訴訟制度である消費者団体制度の検討結果を参照しつつ、訴訟対象とすべき範囲、適格団体の要件、主観訴訟との調整、判決効等について更に検討を行う必要がある。

IV. 公金検査制度請求訴訟制度の創設

> 　国レベルの財務会計行為を国民が監視し是正するための制度として公金検査請求訴訟

> を創設する。

　地方自治法においては、普通地方公共団体の住民が、その財務行為の違法性をチェックし、損害を回復する訴訟として、「住民訴訟」が認められている。住民訴訟は、地方自治法に規定された客観訴訟であり、住民であれば、誰でも、普通地方自治体における違法な財務行為について、その差止め、損害賠償請求・不当利得返還請求訴訟などを提起することができる。これまで公共事業談合、官官接待、不正裏金、不正補助金、不正手当など多くの事案で、住民の訴えに基づいて、裁判所が違法行為を認定し、その結果、普通地方自治体の損害が回復、防止され、更に普通地方公共団体の行政における財務行為のあり方が是正、改革されてきた。

　ところが、普通地方公共団体以上に多額の税金が支出されている国については、違法な財務行為が明らかになっても、国民がこれを正す訴訟は認められておらず、そのため、たとえば、公共事業談合が発覚しても、国の損害は放置される事態となっている。このような事態は、普通地方公共団体と比べて明らかに正義に反するものである。国における財務行為の適法性の確保は国民にとってきわめて重要であり、法治主義、財政民主主義の観点から、そして司法による行政の適法性確保の必要性の観点から、国レベルでの住民訴訟の創設の必要性が指摘されてきた。行政訴訟検討会の「行政訴訟制度の見直しのための考え方と問題点の整理（今後の検討のためのたたき台）」（平成15年10月）においても、「国の支出の適法性を確保するための納税者訴訟」について「十分な検討を行う必要がある」とされている。

　そこで、国レベルの住民訴訟制度として、公金検査請求訴訟制度を創設すべきである。同制度は、住民監査請求、住民訴訟制度と基本的には同様の制度とし、国版の監査請求制度（「公金検査請求制度」）では、会計検査院に対して監査を請求するものとする。すなわち、国民は、会計検査院に対し、国の財務行為について、これを特定し、その違法性、損害を指摘して検査を行うよう求めることができるものとし、会計検査院は、検査を行った結果、違法な財務行為があると判断した場合には、関係者に対し、損害回復等の必要な措置を勧告するものとする。国民からの検査請求に対して、会計検査院が勧告措置を取らない場合、あるいはその勧告措置が十分なものではないとして納得できない場合には、国などを被告として必要な措置を取るよう請求する訴訟を提起することができる制度である。

V．その他の改革諸課題

> 　行政法制度に関する多数の課題を整理し、優先順位をつけて今後の改革スケジュールとその方向性を決定する。

　日弁連は、その他の主な改革諸課題とその改革の方向性について、次のように考える。
1．国民が行政訴訟を更に提起しやすくするための方策として次の改革をすべきである。

(1) 訴え提起の手数料の合理化

　　行政訴訟につき一律に少額の定額手数料を定めるとすることや、複数の原告が同一の処分の違法を争う場合に訴額の基礎となる利益が共通である（民事訴訟法第9条第1項ただし書参照）とみなすものとすること等について更に検討し、法改正を含む所要の措置を講じる必要がある。

(2) 弁護士費用の片面的敗訴者負担制度の導入

　　行政訴訟について、被告行政側が敗訴した場合にのみ弁護士費用の敗訴者負担を認める片面的敗訴者負担制度を導入することについて更に検討し、法改正を含む所要の措置を講じる必要がある。

2. 行政訴訟の運用面等における改革として、陪参審制度ないし裁判員制度を導入すべきである。

　　行政訴訟の審理において、国民の健全な社会常識を反映させることにより、より公正で適切な裁判を確保するため、陪参審制度ないし裁判員制度を導入することについて、裁判員制度の実施状況を踏まえつつ更に検討し、法改正を含む所要の措置を講じる必要がある。

3. 行政訴訟以外の救済制度の整備としては、行政不服申立手続・行政審判の改革などをしなければならない。

　　個別行政法に規定されている不服申立前置制度を廃止すること、不服申立制度および行政審判を抜本的に改革することについて、実際の運用状況を踏まえつつ更に検討し、法改正を含む所要の措置を講じる必要がある。

4. 行政法制の継続的改革を行うために、恒常的改革機関を設置すべきである。

　　高度に複雑化した社会における行政諸法制は不断のメンテナンスを必要としており、行政法制とその運用状況を常にチェックし改革していくことが必要である。そのための恒常的改革機関を設置することについて検討し、法制定を含む所要の措置を講じる必要がある。

以上

日本弁護士連合会
〒100-0013
東京都千代田区霞が関 1-1-3
電話：03-3580-9841（代表）

GENJIN ブックレット 51
行政法制度改革で、
わたしたちは何をなすべきか
第 2 ステージの行政訴訟改革

2006 年 9 月 30 日 第 1 版第 1 刷

編　者　　日本弁護士連合会
発行人　　成澤壽信
発行所　　株式会社 現代人文社
　　　　　〒160-0016 東京都新宿区信濃町 20 佐藤ビル 201
　　　　　振　替…00130-3-52366
　　　　　電　話…03-5379-0307（代表）
　　　　　ＦＡＸ…03-5379-5388
　　　　　E-Mail…hensyu@genjin.jp（代表）
　　　　　　　　　hanbai@genjin.jp（販売）
　　　　　Ｗｅｂ…http://www.genjin.jp

発売所　　株式会社 大学図書
印刷所　　株式会社 シナノ
装　丁　　長谷川有香（Malpu Design）

検印省略 PRINTED IN JAPAN
ISBN4-87798-302-3 C0036
©2006 NIHONBENGOSHIRENGOUKAI

本書の一部あるいは全部を無断で複写・転載・転訳載などをすること、または磁気媒体等に入力することは、法律で認められた場合を除き、著作者および出版者の権利の侵害となりますので、これらの行為をする場合には、あらかじめ小社また編集者宛に承諾を求めてください。